100% 네이티브 영국 영어

100% 네이티브 영국 영어

지은이 브릿센트
펴낸이 임상진
펴낸곳 (주)넥서스

초판 1쇄 발행 2022년 7월 15일
초판 7쇄 발행 2024년 6월 10일

출판신고 1992년 4월 3일 제311-2002-2호
10880 경기도 파주시 지목로 5
Tel (02)330-5500 Fax (02)330-5555

ISBN 979-11-6683-301-4 13740

www.nexusbook.com

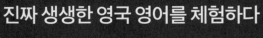

진짜 생생한 영국 영어를 체험하다

100%
네이티브
영국
영어

브릿센트 지음

넥서스

영국 영어 팟캐스트를
제작하게 된 이유

2010년 가을, 영국 유학을 위해 설레는 마음으로 런던에 도착했다. 학교 기숙사에 짐을 푼 뒤 근처 마트에 들렀고 생필품 몇 개를 가지고 계산대로 갔다. 조금은 지쳐 보이던 종업원 아주머니가 바코드를 찍으며 빠른 속도로 나에게 물었다.

"니더백?"

'니더백? 니더백이 뭐지?' 무슨 말인지 알아듣지 못했지만 당황하지 않고 자연스럽게 미소를 지으며 되물었다.

"아임 쏘리?"

그러자 아주머니는 나를 쳐다보며 다시 한번 빠르게 말했다.

"니더백?"

'아니… 대체 니더백이 뭐지? 처음 듣는 단어다. 계산하라는 소린가?' 머리가 새하얗게 되며 등에 식은땀이 흐르기 시작했다. 간신히 정신을 부여잡고 학교에서 배운 영어를 다시 시도해 봤다.

"쏘…쏘리. 아이 돈 언더스탠드."

그러자 아주머니는 짜증 난 표정으로 비닐봉지를 가리키며 소리치듯 말했다.

"니드 어 백! 니드 어 백! 두 유 니드 어 백?"

아차! 'Do you need a bag?' 물건을 넣어갈 가방, 즉 비닐봉지가 필요하냐고 묻는 것이었구나. 그제서야 질문을 이해한 나는 부끄러웠지만 애써 태연한 척 고개를 끄덕이며 대답했다.

"Yes, thank you."

마트를 나와 기숙사에 걸어오며 곰곰이 생각했다. 왜 그런 간단한 문장을 못 알아들은 걸까? 어려서부터 영어는 내가 가장 좋아하는 과목이었고 그 어렵다는 가정법, 도치 구문 등도 열심히 공부했는데 왜 비닐봉지가 필요하냐는 이런 기본적인 문장을 이해하지 못했을까? 너무나 충격적이었다.

아주머니가 말한 '니더백'을 분석해 보니 일단 앞에 'Do you'를 완전히 생략했다는 걸 알았다. 항상 문법 형식에 맞춰 문장을 만들고 리스닝 연습을 했던 나로선 의문문에서 'Do you'를 생략할 수 있다는 사실을 전혀 알지 못했다. 또한 평소에 비닐봉지가 영어로 뭔지 생각해 본 적도 없었고 'bag'이라는 단어를 들을 때마다 기계적으로 가방이 떠올랐었다. 그동안 한국에서 영어 공부를 꾸준히 했음에도 나는 'Need a bag?'이라는 말을 알아들을 준비가 되지 않았던 것이었다.

그 후에도 계속해서 기숙사와 학교에서 영국인들이 하는 얘기를 수없이 놓쳤다. 대학교 'university'를 줄여서 'uni'라고 말하고 'How are you?'라고 물어봤더니 'I'm fine'이 아닌 'I've been better'라고 답을 하는 친구도 있었다. '현재완료니까 과거부터 지금까지 계속 더 좋았다고? 그럼 기분이 좋다는 말인가 보다'라고 생각하며 'Oh, that's good'이라고 반응했다가 어색해진 기억도 난다. 나중에 알고 보니 'I've been better'는 '이전까지는 기분이 좋았지만 지금은 안 좋다'라는 의미였는데 그걸 듣고 좋겠다고 말하니 상대방 입장에선 황당할 수밖에 없었다.

이처럼 내가 전혀 접하지 못했던 영어를 원어민들은 매일 사용했고 책으로 공부해선 이런 실전 영어를 배울 수 없다는 생각이 들었다. 굳게 마음을 먹고 주위에 있는 영국인 친구들을 열심히 쫓아다니며 그들의 자연스러운 대화를 놓치지 않으려고 노력했다. 기숙사 방에 돌아와선 새벽까지 대화 내용을 복기하며 이해 못했던 단어, 표현들을 찾아보고 외웠다. 그들의 농담을 이해하지도 못한 채 따라 웃는 어색한 상황도 많았지만 그 힘들었던 시간을 견디고 나니 영국인과의 대화가 점점 쉬워졌고 드라마, 라디오가 조금씩 들리기 시작했다. 그 결과 대학을 무사히 졸업했고 지금은 20명이 넘는 영국인들과 회사를 운영하며 매일 영어로 회의하고 농담할 정도로 영어가 편해졌다.

이 책에서 소개하는 브릿센트 팟캐스트 시리즈는 이런 나의 실제 경험을 기반으로 만든 콘텐츠다. 일반적으로 우리와 같은 비원어민들은 영미권 나라에 살지 않는 한 원어민의 자연스러운 대화를 경험하기 어렵다. 그래서 그런 자연스러운 대화를 경험할 수 있도록 서로 친한 두 명의 영국인 선생님에게 스크립트 없이 자유롭게 이야기하라고 했다. 일부러 또박또박 발음하거나 천천히 말하지 말고 평소처럼 대화해 달라고 요청했다. 그래서 이 책에는 마트 아주머니가 'Do you'를 말하지 않은 것처럼 여기저기 생략된 문장이 나오고 줄임말, 농담, 비유 등 다양한 대화 방식과 표현이 등장한다. 영국 날씨, 음식, 음주 문화 등 생활과 밀접한 10가지 주제를 바탕으로 원어민이 쓰는 생생한 영어를 문맥과 발음, 악센트 그리고 사용 빈도까지 고려하며 습득할 수 있다. 다양한 상황에서의 활용을 위해 브릿센트 선생님들과 함께 실제 생활에서 정말 자주 사용하는 예문들도 엄선해서 수록하였다.

이 책이 영어 공부를 꾸준히 했지만 아직도 회화가 어려운 사람들에게 큰 도움이 될 수 있을 것이라 자신한다. 영어 공부를 막 시작한 사람들에겐 문법 공부를 깊게 하는 것보다 음원과 본문을 통해 원어민들의 자연스러운 문장을 그대로 받아들이고 반복해서 말해보는 방식을 추천한다. 많은 사람들이 이 책을 통해 실제로 사용되는 영어를 배우고 한국뿐만 아니라 전 세계를 무대로 자신의 꿈을 펼치는 데 도움이 되길 바란다.

제작자
브릿센트 대표
심상보

Features
구성과 특징

 실제 영국 영어 선생님들의 **생생한 영국식 대화**

총 10가지 주제에 대한 영국인들의 대화를 통해서 생생한 영국식 영어를 체험해 볼 수 있습니다.

★ 대화 스크립트는 영국인 영어 선생님인 Joe와 Stephanie가 실제 10가지 주제에 대해서 자연스럽게 대화한 것을 수록한 것입니다.

★ 실제 대화 표현을 그대로 수록한 것으로 일부 구어체적인 표현이 있지만 그만큼 생생한 상황을 그대로 전하고자 하였습니다.

핵심 어휘 및 표현

영국에서 자주 쓰는 핵심 어휘와 표현을 학습해 볼 수 있습니다.

'★'는 실제 원어민의 표현 사용 빈도 수를 뜻합니다.

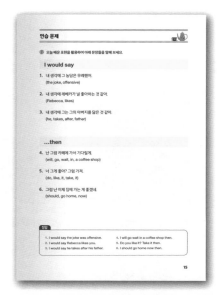

🇬🇧 연습 문제

'핵심 어휘 및 표현'에서 배운 어휘를
사용해서 문장을 만들어 보며 배운
문장을 활용해 볼 수 있습니다.

🇬🇧 영국 문화 엿보기

날씨, 술 문화, 직장 문화 등 주제와 관련된 다양한 영국 문화를 만나 볼 수 있습니다.
관련 이미지를 포함하여 좀 더 생생하게 영국 문화를 느낄 수 있습니다.

<100% 네이티브 영국 영어>

영국 네이티브 MP3 듣는 방법

본문에 수록된 대화의 전문 MP3를 다음과 같은 방법으로 들을 수 있습니다.

1 스마트폰에 QR코드 리더를 설치하여 책 속의 QR코드를 인식하면 영국 네이티브 MP3를 바로 들을 수 있습니다.

MP3

2 유튜브에서 브릿센트를 검색하면 전체 대화를 들을 수 있습니다.

3 오디오클립에서 브릿센트를 검색하면 전체 대화를 들을 수 있습니다.

Contents
목차

UNIT (01) **Drinking** 음주 문화   12

UNIT (02) **British Food** 영국 음식   34

UNIT (03) **British Weather** 영국 기후   60

UNIT (04) **UK vs. US** 영국 영어 vs. 미국 영어   82

UNIT (05) **Etiquette in the UK** 영국 예절   108

UNIT (06) **British Weddings** 영국의 결혼식   134

UNIT (07) **Office Culture** 회사 문화   156

UNIT (08) **Exercise** 운동   174

UNIT (09) **Have You Ever?** 술 게임   196

UNIT (10) **If...** ~라면   222

Drinking
음주 문화

🏴 실제 영국인들의 대화를 통해서 생생한 영국식 영어를 체험해 보세요.

Joe	Hello, Stephanie. How are you?
Stephanie	Hi, Joe, I'm good. Thank you. How are you?
Joe	Yes, I'm doing okay. Today we're going to talk a little bit about drinking culture in the UK.
Stephanie	Well, we certainly have a big drinking culture, I think, in the UK.
Joe	Yeah, that's right. Almost, I would say in Europe, it's pretty synonymous with British culture, actually.
Stephanie	Yeah, right.
Joe	Yeah.
Stephanie	Do you like to drink much, then?
Joe	I have been known to dabble in drinking. Yes, my family are Irish, and they also have a fairly similar drinking culture. But yes, I love a pub, not just for the drinks, but for the atmosphere as well. A pub is a shortened version for the name of a public house, which is made for, well, for us to feel as if we are in our home. Our house. It's kind of everybody's living room, I suppose.
Stephanie	That's it, yeah. Have you got a favourite pub you like to go to? A local?

Joe	안녕, 스테파니. 어떻게 지내?
Stephanie	안녕, 조. 잘 지내고 있지. 고마워. 넌 어때?
Joe	응, 나도 잘 지내지. 오늘은 영국의 술 문화에 대해 좀 이야기해 보자.
Stephanie	음, 확실히 영국의 술 문화는 대단하지.
Joe	응, 맞아. 거의 유럽에선 술 문화 하면 바로 영국 문화가 떠오르는 것 같아.
Stephanie	맞아.
Joe	그렇지.
Stephanie	그럼 넌 술을 많이 마시는 편이야?
Joe	내가 술은 좀 알지.('dabble in something'이라고 하면 '~을 살짝 해 보다'라는 뜻입니다. 여기서는 우쭐거리며 하는 말로 '술을 잘 마시다'는 의미가 강합니다.) 우리 가족이 아일랜드 출신인데 그쪽 음주 문화도 꽤 비슷하거든. 아무튼 나는 펍을 좋아하는데 단순히 술 때문만은 아니고 펍 분위기를 좋아해. 이 펍이라는 게 'public house'라는 말의 약자인데 마치 집에서 마시는 듯 편안한 분위기를 위해 만들어졌다고 해. 모든 사람의 거실 같은 곳이야. 내 생각에.
Stephanie	맞아. 그렇지. 혹시 네가 가장 좋아하는 펍이 있어? 동네에 있는 펍 말이야.

❈ 영국에서 자주 쓰는 핵심 어휘 및 표현을 학습해 보세요.

I'm good. Thank you. How are you?★★★

누군가가 나에게 'How are you?'라고 안부를 물으면 'I'm good', 'I'm fine' 등 다양하게 답할 수 있죠. 그 후엔 바로 상대방에게 똑같이 안부 인사를 건네는 게 예의입니다. 스테파니 선생님처럼 상대방에게 꼭 'How are you?'라고 다시 안부를 물어 주세요.

I would say★★

'내 생각에'라는 뜻이에요. 보통 다른 사람들이 동의하지 않을 수도 있는 의견을 말할 때 사용하는 표현이에요. 직설적이지 않고 공손한 느낌을 줍니다.

To be synonymous with *something*★

'~와 같은'이라는 뜻이에요. 어떤 하나를 생각했을 때 다른 하나가 바로 생각난다면 이 표현을 사용할 수 있어요. '동그란 안경을 보면 해리 포터가 생각 나'라고 말하고 싶다면 'Round glasses are synonymous with Harry Potter'라고 하면 됩니다.

... then★★

'then'이 문장 끝에 위치하면 주로 '그럼', '그 경우엔'을 뜻해요. 본문에선 영국과 유럽의 'big drinking culture'에 관해 얘기하다가 스테파니 선생님이 '그럼 넌 술 많이 마셔?'라며 자연스럽게 물어봤죠.

Local★

술 이야기를 할 때 'local'이라고 하면 동네에 있는 단골 술집(펍)을 의미해요.

연습 문제

❄ 오늘 배운 표현을 활용하여 아래 문장들을 말해 보세요.

I would say

1. 내 생각에 그 농담은 무례했어.
   (the joke, offensive)

2. 내 생각에 레베카가 널 좋아하는 것 같아.
   (Rebecca, likes)

3. 내 생각에 그는 그의 아버지를 닮은 것 같아.
   (he, takes, after, father)

...then

4. 난 그럼 카페에 가서 기다릴게.
   (will, go, wait, in, a coffee shop)

5. 너 그게 좋아? 그럼 가져.
   (do, like, it, take, it)

6. 그럼 난 이제 집에 가는 게 좋겠네.
   (should, go home, now)

정답

1. I would say the joke was offensive.
2. I would say Rebecca likes you.
3. I would say he takes after his father.

4. I will go wait in a coffee shop then.
5. Do you like it? Take it then.
6. I should go home now then.

Drinking 음주 문화

🔰 실제 영국인들의 대화를 통해서 생생한 영국식 영어를 체험해 보세요.

Joe   Yeah. Well, the pub I was at yesterday is called 'The Bell,' and it's got a fantastic atmosphere in there. Very big mix of people, but everybody is nice and jolly. Have you ever thought about why these pubs have, sometimes, quite strange names? It's quite interesting. The reason that pubs have such strange names, I found out quite recently, is because the idea of the pub in the UK predates when most people were able to read. It predates literacy.

Stephanie   Oh, okay.

Joe   So if you were in a new town and somebody said "I will meet you at 'The Red Lion'", you wouldn't be able to, necessarily, read 'red' or 'lion.' Yeah. So you needed a picture outside the pub in order to find the right pub.

Stephanie   Sounds quite simple, really.

Joe   I don't know about you. At university, there was a culture of playing games with alcohol. Did you have any games at your university?

Stephanie   Yeah. One of them was 'Have you ever?' or 'I have never' or something like that. Yeah. So you basically drink a shot of whatever alcohol it is that you're drinking if you have done the thing that people ask. Okay, so if I said to you: Joe, have you ever been skydiving?

Joe	응. 아, 내가 어제 간 곳은 '더 벨'이라는 펍인데 분위기가 정말 끝내줘. 여러 사람이 섞여 노는 곳인데 다들 엄청 친절하고 유쾌해. 왜 펍들이 가끔 이상한 이름을 가지고 있는지 생각해 본 적 있어? 꽤 흥미로워. 펍들이 그런 이상한 이름을 갖게 된 이유는 나도 최근에 알게 된 사실인데 영국에서 펍이 탄생한 시기가 사람들이 글을 읽을 수 있기 전이라서 그렇대. 문맹이 해결되기 전이었다는 거지.
Stephanie	오, 그렇구나.
Joe	예를 들어 새로운 동네에 갔는데 누가 '레드 라이언'에서 만나자고 한 거야. 그런데 'Red'나 'Lion'이라는 단어를 읽을 줄 몰라. 그래서 펍 외관에 걸린 그림(붉은 사자)으로 맞는 술집을 찾는 거지.
Stephanie	생각보다 되게 단순하네, 정말.
Joe	아무튼 너는 어땠을지 모르겠는데 내가 다니던 대학교에는 술 게임 문화가 따로 있었거든. 혹시 너희 대학에도 이런 거 있었어?
Stephanie	응. 그런 게임 중 하나로 'Have you ever'와 'I have never'가 생각나네. 사람들이 질문을 하는데 그 질문에 해당하는 사람이 있다면 각자 들고 있던 술을 한 잔 마시는 게임이야. 예를 들어 내가 너한테 '스카이다이빙 해 봤어?'라고 물어보면,

핵심 어휘 및 표현

🇬🇧 영국에서 자주 쓰는 핵심 어휘 및 표현을 학습해 보세요.

Jolly**

'흥겨운', '유쾌한'이란 뜻으로 보통 사람을 묘사할 때 많이 사용해요.

예문 She is so smiley and jolly.
그녀는 참 잘 웃고 유쾌해.

Have you ever *P.P.*?***

'~한 적 있어?'라는 경험을 물어볼 때 <Have + P.P.>를 많이 사용해요. 'Have you been to Paris?'는 '파리에 가 본 적 있어?'라는 뜻이죠. 중간에 'ever'가 들어가면 확실하지 않은 걸 물어보는 뉘앙스를 줍니다. 'Have you ever been to Paris?' '너 혹시 파리에 가 본 적 있어?'라는 느낌이에요.

Quite***

'아주', '꽤'라는 뜻으로 형용사, 부사, 명사를 강조할 때 사용하는 단어예요. 영국 사람들이 정말 많이 씁니다. 'very'보다는 조금 약한 의미의 강조예요.

(It or that) sounds *adjective*___***

'~처럼 들린다'는 뜻으로 형용사에 따라 뜻이 달라져요. 회화에서는 주어 it이나 that을 생략하기도 해요. 'Sounds great!(좋은 것 같아!)', 'Sounds interesting.(흥미롭게 들리네)' 등 다양하게 활용 가능합니다.

A shot of *something*___**

위스키, 보드카 등 주로 독한 술 한 잔을 말할 때 'a shot'이라고 해요.

예문 I had two shots of vodka and felt sick.
나 보드카 두 잔 마셨는데 속이 안 좋았어.

연습 문제

❄ 오늘 배운 표현을 활용하여 아래 문장들을 말해 보세요.

Have you *P.P.*?

1. 너 혹시 한국에 가 본 적 있어?
   (ever, been, to, Korea)

2. 응. 딱 한 번 가 봤어.
   (yes, I, but, only, once)

3. 너 혹시 케이팝이란 거 들어본 적 있어?
   (ever, heard, of, K-pop)

Sounds *adjective*

4. 재미있을 것 같아!
   (exciting!)

5. 정말 좋은 생각이에요.
   (that, fantastic)

6. 그거 재미있겠다!
   (that, fun)

Drinking 음주 문화

🇬🇧 실제 영국인들의 대화를 통해서 생생한 영국식 영어를 체험해 보세요.

Joe	Okay. And if I haven't, I wouldn't drink, but if I have been skydiving, then I would. And then sometimes, the 'I have never' or 'Have you ever?' can get quite embarrassing.
Stephanie	That's true. I think that drinking, in general, is quite a big thing in British culture, so much so that we've got so many words for 'drunk.'
Joe	What are some of your favourites?
Stephanie	Oh, I think I normally say 'I was hammered.'
Joe	Hammered, yeah, there's hammered. I have one friend who is a little bit posh and he likes to say 'sloshed.' Sloshed. 'I was sloshed last night, darling.'
Stephanie	Off your face. I like that one.
Joe	Yeah, off your face. 'Yeah, I was off my face last night.' The one that I use quite a lot is 'tipsy.' 'Tipsy' is, I think, one of the favourites in the UK because it doesn't mean very, very drunk. So even when people are quite drunk, they might say 'I'm tipsy,' because they would prefer that adjective.
Stephanie	That's true! Less embarrassing to be tipsy than off your face, for example.
Joe	Are there any words that you would say to describe how you feel afterwards?
Stephanie	I normally would say, 'I'm feeling a little fragile today. Feeling a bit rough.'

Joe	맞아. 내가 안 해 봤으면 안 마시고 스카이다이빙을 해 봤으면 마시는 거지. 근데 가끔 그 게임 엄청 부끄러운 상황을 만들기도 해.
Stephanie	맞아. 보편적으로 음주라는 게 영국 문화에서 빼놓을 수 없는 것 같아. 그래서 '취한 상태'를 가리키는 단어도 정말 많지.
Joe	넌 어떤 단어를 제일 좋아해?
Stephanie	음, 나는 보통 'hammered(고주망태가 된)'란 말을 쓰는 거 같아.
Joe	맞아. 그런 표현이 있지. 내 주변에 좀 고상한 척하는 애는 'sloshed'라는 말을 쓰더라. '자기야, 나 어젯밤에 만취했잖아' 이런 식으로 말이야.
Stephanie	'Off your face(꽐라 됐다)'는 말도 있고. 난 이 단어 좋더라.
Joe	맞아. 꽐라 됐어. '나 어젯밤에 꽐라 됐어'라고 말하지. 내가 꽤 자주 쓰는 말로는 'tipsy(알딸딸한)'가 있어. 'tipsy'는 많이 취하지 않고 알딸딸한 상태를 의미하기 때문에 영국 사람들이 좋아하는 단어가 된 것 같아. 꽤 많이 취한 사람들도 약간 알딸딸하다고 우기기도 하는데, 이 표현을 더 좋아하기 때문이지.
Stephanie	맞아! 알딸딸한 게 꽐라된 것보다 덜 창피하니까, 예를 들자면.
Joe	술 마신 후를 표현하는 단어로는 어떤 것들을 써?
Stephanie	난 보통 '오늘 몸이 좀 부서질 것 같다'라고 해. '고되다'라고도 하고.

🧧 영국에서 자주 쓰는 핵심 어휘 및 표현을 학습해 보세요.

Embarrassing***

'Embarrassing'을 '당황스러운'으로 해석하는 분들이 많아요. 정확한 뜻은 '창피한, 부끄러운'이랍니다. 'I was so embarrassed'라고 하면 과거에 굉장히 창피한 적이 있었다는 의미예요.

That's true**

'그게 사실이야.', '맞아!'라는 뜻으로 다른 사람의 말에 맞장구칠 때 많이 사용해요.

So much so that S + V**

'~할 정도로'라는 의미로 어떤 사실을 강조할 때 많이 사용해요.

> 예문 She is clever, so much so that she can solve the problem within a few seconds.
> 그녀는 그 문제를 몇 초 만에 풀 수 있을 정도로 똑똑해.

Off *one's* face*

'off my face'는 몸을 못 가눌 정도의 만취 상태를 말해요. 비격식 표현이니 친한 친구들과 편하게 대화할 때 사용해 보세요.

Tipsy**

'알딸딸한', '기분 좋게 살짝 취한' 정도를 말할 때 'tipsy'라는 단어를 써요. 사실 술에 진심인 영국인이 많아서 tipsy 정도에 술 마시는 것을 멈추는 사람들은 거의 없습니다.

❋ 오늘 배운 표현을 활용하여 아래 문장들을 말해 보세요.

That's true

1. 맞아. 네 의견에 동의해.

   (I, agree, with)

2. 미안한데 그건 맞지 않는 것 같아.

   (I'm, sorry, but, don't, think)

3. 안타깝지만 그건 사실이야.

   (I'm, afraid)

So much so that *S + V*

4. 나 너무 신나서 지갑 가지고 나오는 것도 깜빡했잖아.

   (I, so excited, forgot to, bring, my wallet)

5. 우리가 떠나기 싫었을 정도로 그곳의 사람들은 호의적이었어.

   (the people, there, friendly, we, didn't, want to, leave)

6. 주말에도 종종 일할 정도로 우린 아주 바빠.

   (we, very busy, we, often, work, at weekends)

정답

1. That's true. I agree with you.
2. I'm sorry but I don't think that's true.
3. I'm afraid that's true.
4. I was so excited, so much so that I forgot to bring my wallet.
5. The people there were friendly, so much so that we didn't want to leave.
6. We are very busy, so much so that we often work at weekends.

Drinking 음주 문화

🔆 실제 영국인들의 대화를 통해서 생생한 영국식 영어를 체험해 보세요.

Joe	Rough. Yeah. Rough around the edges. When you're feeling a bit rough, sometimes drinking is so embedded in our culture that we see it also as a cure for when you have a hangover, and we have a strange expression...
Stephanie	Hair of the dog.
Joe	Yes. So we say 'hair of the dog' if you are going to have a drink after a night of drinking if you're feeling a bit unwell, fragile, rough. The idea is that another drink will help.
Stephanie	I normally keep far, far, far away from alcohol when I'm hungover. So I don't normally do that, hair of the dog; I normally just want a good fry-up. Do you have a favourite hangover food?
Joe	Hmm, I think usually I go for salty things. Definitely. Salty things. I like things like crisps.
Stephanie	Yeah. Normally, you buy a round, don't you? You buy a round for everyone and say 'Oh, it's my round.' So you know, I'm gonna buy the drinks for the table. That's kind of how it works here.
Joe	Oh, yes. Yeah, that's right. A lot of people go into pubs and they would say, the first person to offer would say, 'It's my round,' meaning they're going to buy the drinks for everyone there.
Stephanie	Obviously, they then expect that the next few times will be on...

Joe	고되다. 맞아. 'Rough around the edges'고 하지. 네가 술 마시고 힘들어할 때, 이 술이라는 게 영국 문화에 어찌나 깊게 자리 잡았는지, 심지어 술이 숙취의 치료제가 된다고도 생각하잖아. 이걸 가리키는 특이한 표현도 있고.
Stephanie	Hair of the dog(해장술)!
Joe	맞아. '해장술'이라고 하지. 전날 밤 술을 마셔서 몸이 아프고 부서질 것 같을 때 또 마시는 거야. 술이 숙취를 해결해 준다고 생각하는 거지.
Stephanie	나는 숙취 있을 땐 술을 아주 멀리하는 편이야. 그래서 난 해장술 같은 건 안 하고 'fry-up*'을 먹어. 넌 좋아하는 해장 음식이 있어? (*fry-up: 베이컨, 계란 프라이, 소시지 등 기름에 지진 음식, 보통 영국식 아침인 'English Breakfast'를 가리킨다)
Joe	음, 나는 보통 짭짤한 게 당기더라고. 확실히 짠 게 좋아. 감자칩 같은 스낵을 좋아해.
Stephanie	아하. 또 (영국엔) 모두에게 한 잔씩 사는 문화가 있지, 그렇지? 모두에게 술 한 잔씩 돌린 후 '이번 술은 내가 쏜다'라고 외치기도 하고. 그 테이블에 있는 사람들에게 술 한 잔씩 산다는 뜻이지. 영국에선 주로 그런 식으로 마셔.
Joe	오, 맞아. 많은 사람들이 펍에 가면 보통 첫 잔을 사는 사람이 '내가 한 잔 산다!'고 하지. 거기 있는 사람들에게 첫 잔을 사겠다는 거야.
Stephanie	당연한 거지만 그다음 몇 잔은…

🇬🇧 영국에서 자주 쓰는 핵심 어휘 및 표현을 학습해 보세요.

To be embedded in *somebody*'s culture*

어떤 문화에 깊숙이 자리 잡았다는 뜻이에요. 보통 전통, 관습 등 특정 문화를 나타내는 중요한 요소를 설명할 때 사용합니다.

Hangover**

숙취라는 뜻이에요.

예문 I had a terrible hangover the next morning.
나 다음 날 아침에 숙취가 정말 심했어.

Hair of the dog*

'해장술'을 뜻하는 재미있는 표현이에요. 광견병에 걸린 개에게 물렸을 때 그 개의 털을 상처에 놓으면 상처가 치료될 수 있다는 믿음에서 온 표현이랍니다. 술 때문에 받은 상처(숙취)를 술로 해결한다는 의미예요.

To keep (far) away from *something/someone***

어떤 것(혹은 사람)으로부터 거리를 둘 때 쓰는 표현이에요. keep과 away 사이에 far를 넣으면 좀 더 멀리 거리를 둔다는 강조의 표현이 됩니다. 실제로 스테파니 선생님은 far를 세 번이나 쓰면서 해장술은 쳐다도 안 본다는 걸 강조했어요.

Round**

영국 펍에선 보통 생맥주를 한 잔씩 시켜요. 우리나라에선 1차, 2차를 각각 사는 문화가 있다면 영국엔 같이 술을 마시는 사람들끼리 첫 잔, 둘째 잔을 돌아가며 사는 문화가 있어요. 이렇게 한 잔씩 사는 걸 'Round'라고 합니다. 'I will buy the first round'라고 하면 '내가 첫 잔을 살게'라는 의미예요.

연습 문제

❖ 오늘 배운 표현을 활용하여 아래 문장들을 말해 보세요.

To be embedded in *somebody's* culture

1. 차(tea)는 영국 문화에 정말 깊숙이 자리 잡았어.
   (tea, is, so, British culture)

2. 축구는 영국 문화에 아주 깊숙이 자리 잡았어.
   (football, is, so, English culture)

3. 케이 팝은 아시아 문화에 깊숙이 자리 잡았어.
   (K-pop, is, Asian culture)

To keep away from *something/somebody*

4. 절벽 끝에서 물러나세요.
   (the edge, of, the cliff)

5. 내가 너라면 그 남자와 거리를 둘 거야.
   (if, I, were, would, him)

6. 너 핸드폰 그만 사용하는 게 좋을 거야 (핸드폰과 떨어져).
   (you, should, yourself, your, phone)

정답

1. Tea is so embedded in British culture.
2. Football is so embedded in English culture.
3. K-pop is embedded in Asian culture.
4. Keep away from the edge of the cliff.
5. If I were you, I would keep away from him.
6. You should keep yourself away from your phone.

🇬🇧 실제 영국인들의 대화를 통해서 생생한 영국식 영어를 체험해 보세요.

Joe	The other people around. A round of drinks is one drink for everybody in the group, in the circle of friends or so.
Stephanie	Yeah, obviously, sometimes when you buy a round, it might be a cheap round. If somebody doesn't drink, if somebody's teetotal. But to be honest, from my experience, I think British people often view someone like that with a bit of suspicion.
Joe	I would say, maybe, in that respect, things might be changing a little bit. I did something called 'Dry January' this year, which is when you don't drink for the whole of January, usually because in the UK December is as boozy a month as you will get before Christmas and in the lead up to Christmas and then before New Year's Eve.
Stephanie	Yeah. Yeah. A lot of people do that, don't they? Did you find it cleansing?
Joe	I felt good after a couple of weeks and then I was a bit frustrated.
Stephanie	Well, I kind of fancy a beer now!
Joe	Yeah. All of this talking is thirsty work.
Stephanie	Yeah, let's go down the local pub. Shall we?
Joe	Yeah.
Stephanie	Perfect. Drinks on you though, right?
Joe	Yeah. First round's on me.

Joe	다른 사람들이 사지. 그러니까 'A round of drinks'라는 말은 그 모임의 구성원에게 한 잔씩 산다는 뜻이야. 친구들일 수도 있고.
Stephanie	맞아. 가끔 한 잔 살 때 돈이 별로 안 나올 때가 있어. 술을 못 마시거나 금주 중인 사람이 있다면 말이지. 근데 내 경험상 솔직히 영국 사람들은 금주 중인 사람들을 잘 안 믿는 것 같아.
Joe	그런 면에서는 조금씩 바뀌고 있는 것 같기도 해. 난 이번 'Dry January(1월의 금주 캠페인)'에 참여했는데 말이야. 이게 뭐냐면 1월 한 달간 술 끊기 운동이거든. 12월에 크리스마스 전부터 크리스마스, 그리고 새해 전날까지 영국 사람들이 술을 엄청나게 마시기 때문에 (1월에) 금주하는거야.
Stephanie	맞아. 사람들 많이 하더라, 그렇지? 그래서 좀 건강해진 것 같았어?
Joe	첫 몇 주간은 느낌이 좋았는데 그다음부터는 좀 답답했어.
Stephanie	하, 갑자기 맥주 당긴다!
Joe	맞아. 말하다 보면 목마르다니까.
Stephanie	맞아. 동네 펍으로 가자. 어때?
Joe	좋지.
Stephanie	좋네. 네가 사는 거 맞지?
Joe	그래. 첫 잔은 내가 살게.

✠ 영국에서 자주 쓰는 핵심 어휘 및 표현을 학습해 보세요.

Teetotal*

'금주하는', '술을 마시지 않는'이라는 뜻의 단어예요. 'I'm teetotal.'이라고 하면 '나 금주 중이야'라는 의미
입니다.

To be as *adjective* as you will(can) get*

'이보다 ~할 순 없다'라는 의미를 가진 표현이에요. 상황에 따라 will 대신 다른 조동사를 사용하기도 해요.

예문 This burger is as good as you can get.
이 버거보다 좋은 음식은 없다. (이 버거보다 좋은 걸 구할 순 없다.)

To be frustrated***

보통 '좌절하다'로 알고 있지만 '답답하다', '짜증 나다', '속상하다' 등의 의미와 더 가까운 표현이에요. 특정
상황이 개선될 가능성이 없어서 답답할 때 자주 사용해요.

Thirsty work*

힘든 일을 하고 나면 목이 마르죠? 그런 일을 가리킬 때 'thirsty work'라고 합니다.

Something is on me*

'내가 살게!'라는 의미로 원어민은 아주 간단하게 'on me'라는 표현을 씁니다. 무엇을 사는지 다 알고 있는
상황이라면 간단하게 'It's on me'라고 말해도 됩니다.

연습 문제

❋ 오늘 배운 표현을 활용하여 아래 문장들을 말해 보세요.

To be as *adjective* as you can get

1. 내 친구보다 더 준비성이 철저한 사람은 없어.
   (my friend, organised)

2. 그 넷플릭스 시리즈는 우리가 볼 수 있는 것 중 가장 좋았어.
   (The Netflix series, good, we, could)

3. 이 집이 당신이 구할 수 있는 가장 아름다운 집이에요.
   (this, house, beautiful)

Something is on me

4. 점심 먹으러 가자. 내가 살게.
   (let's, go, for, lunch, it's)

5. 음료는 내가 살게.
   (the drinks, are)

6. 커피 마실래? 내가 살게.
   (shall, we, get, some, coffee, it's)

정답

1. My friend is as organised as you can get.
2. The Netflix series was as good as we could get.
3. This house is as beautiful as you can get.
4. Let's go for lunch. It's on me.
5. The drinks are on me.
6. Shall we get some coffee? It's on me.

영국의 재미있는 펍(Pub) 문화

영국 사람들에게 펍은 정말 특별한 장소입니다. 특히 동네 단골 펍은 단순히 술을 마시는 곳이 아닌 푸근한 고향 같은 곳이라고 해요. 주말에 펍에 가서 지인과 같이 축구도 보고 브런치도 먹고 각종 게임도 하며 편안하게 시간을 보냅니다. 그래서 영국인 친구를 사귀게 되면 그 친구의 동네(local) 펍에서 만나는 경우가 많아요. 코로나로 인한 외출 금지가 풀리자마자 영국인들이 제일 먼저 달려간 곳이 동네 펍이었을 정도로 영국인의 펍에 대한 사랑은 대단하답니다.

영국에선 직장 동료들끼리 술을 자주 마셔요. 보통 퇴근 후 회사 근처 펍에서 맥주 한잔을 합니다. 퇴근 시간이 다가오면 동료에게 '(Do you) Fancy a drink?(한 잔 할래?)'라고 묻곤 하죠. 이때 또 재미있는 영국 문화를 볼 수 있어요. 바로 사람들이 펍 밖에 서서 안주도 없이

술을 마시고 있는 모습인데요. 테이블에 앉아 안주와 함께 술을 즐기는 우리나라 문화와 대조적이죠.

퇴근 후 빠르게 한잔하고 집에 가서 가족과 저녁을 먹어야 하기 때문에 밖에 서서 마신다는 이야기도 있고 펍 안이 답답하고 더워서 그렇다는 이야기도 있어요. 날씨 좋은 날, 좋은 사람들과 선선한 바람을 쐬며 시원한 맥주를 마시는 게 낭만적이라 그런 것 같기도 해요. 여러분도 영국에 간다면 펍 밖에 서서 영국을 느끼며 맥주를 음미해 보세요.

British Food
영국 음식

✤ 실제 영국인들의 대화를 통해서 생생한 영국식 영어를 체험해 보세요.

Joe   So, Stephanie, how you doing?

Stephanie   Hi, Joe. I am very well, thank you. How are you on this fine morning?

Joe   Yep, I'm doing very well, a little bit hungry.

Stephanie   Yes, I know what you mean, I'm a bit peckish myself.

Joe   Yep, to be honest, I've got family I'm living with and they are next door making a full English. And yeah, I am so ready for it to be honest. I wanna eat that.

Stephanie   I love a full English. Oh my goodness! Beans… what else? Hash browns!

Joe   Yeah. I mean, the art to the full English is the timing, right? Everything's gotta be ready and hot at the same time.

Stephanie   You're right. Are you someone who eats black pudding? Are you a black pudding fan?

Joe   I'll go there. I won't buy it, but yeah, if it's like an option, I'm not gonna say no, definitely. Give me everything. I won't put a grilled tomato on my plate, but if it comes with the menu, I'm eating that as well.

Joe	스테파니, 잘 지내고 있어?
Stephanie	안녕, 조. 난 잘 지내, 고마워. 화창한 아침 잘 보내고 있지?
Joe	그럼. 나도 잘 지내고 있지. 살짝 배고프네.
Stephanie	맞아. 좀 그렇지. 나도 약간 출출해.
Joe	응. 사실 난 가족들이랑 같이 사는데 지금 옆방에서 제대로 된 영국식 아침 식사를 준비 중이거든. 솔직히 난 먹을 준비가 되어 있어. 먹고 싶다.
Stephanie	나도 영국식 아침 식사 정말 좋아해. 콩이랑… 또 뭐 있지? 해시 브라운!
Joe	맞아. 영국식 아침 식사에서 가장 중요한 건 타이밍이잖아. 맞지? 모든 음식이 같은 시간에 따뜻하게 준비되어야 하니까.
Stephanie	그렇지. 혹시 너 블랙 푸딩도 먹어? 좋아하는 편이야?
Joe	먹긴 해. 내 돈 주고 사 먹기는 좀 그래. 만약 선택할 수 있다면 싫다고 하지는 않을 거야. 일단 다 주면 좋지. 구운 토마토는 굳이 달라고는 안 할 텐데 같이 나오면 그냥 먹는 편이야.

❄ 영국에서 자주 쓰는 핵심 어휘 및 표현을 학습해 보세요.

How you doing?***

'잘 지냈어?'라는 뜻의 'How are you doing?'을 빠르게 말할 때 'are'를 생략하는 경우가 종종 있어요. 주로 친구들과 편하게 안부를 물을 때 이렇게 발음합니다.

Peckish**

'출출하다'는 뜻이에요. 간식 같은 게 먹고 싶을 때 많이 사용하는 단어예요. 새가 모이를 조금씩 쪼아 먹는 'peck'에서 유래된 단어예요.

To be honest**

'솔직히 말하면'이라는 의미로 의견을 전달할 때 사용해요. 놀랄 만한 사실을 얘기하기 전에 많이 씁니다.

예문 To be honest, the meal was terrible.
솔직히 말하면, 그 음식은 정말 맛없었어.

The art of *something**

'The art of'는 어떤 것의 핵심 기술 혹은 능력을 말할 때 사용해요. '~에서 가장 중요한 것은'이라는 의미예요. 요리, 스포츠 등 다양한 분야에서 쓸 수 있겠죠? 본문처럼 전치사 of 대신 to를 사용해도 되지만 일반적으로 of를 더 자주 사용해요.

I'm not gonna say no*

'난 거절하지 않을 거야'라는 뜻입니다. 그냥 yes라고 하면 될 텐데 이렇게 어렵게 말하는 이유가 뭘까요? 뉘앙스가 조금 달라요. '내가 굳이 그걸 얻으려고 노력하진 않겠지만 나에게 권한다면 받아들일게'라는 느낌입니다. gonna는 going to의 줄임말이에요.

✤ 오늘 배운 표현을 활용하여 아래 문장들을 말해 보세요.

The art of *something*

1. 내가 완벽한 차 한 잔을 만드는 기술을 알아냈어.
   (discovered, the perfect, cup of tea)

2. 신선한 아이디어가 성공의 기술이야.
   (fresh ideas, success)

3. 비즈니스의 핵심은 협상이야.
   (business, negotiation)

I'm not gonna say no

4. 네가 맥주 산다면 거절하진 않을게.
   (if, offer, me, a beer)

5. 초콜릿 케이크? 그러자.
   (Chocolate cake)

6. 모든 사람들이 간다면 (내키진 않지만) 나도 갈게.
   (if, everyone else, going)

정답

1. I discovered the art of the perfect cup of tea.
2. Fresh ideas are the art of success.
3. The art of business is negotiation.
4. If you offer me a beer, I'm not gonna say no.
5. Chocolate cake? I'm not gonna say no.
6. If everyone else is going, I'm not gonna say no.

🇬🇧 실제 영국인들의 대화를 통해서 생생한 영국식 영어를 체험해 보세요.

Stephanie You know, talking of British food, I actually made a cottage pie the other day. Are you a fan of cottage pie?

Joe Love a bit of cottage pie. How do you make it?

Stephanie I usually use beef. So cottage pie would be beef, I think shepherd's pie would be lamb mince. So, beef, onions, some tomatoes, tinned tomatoes, a bit of garlic, a bit of Worcester sauce – very important. And lots of nice creamy mashed potato on top, grated cheddar, and just all bubbly in the oven.

Joe Stick that in the oven, ooh!

Stephanie A lot of my students, you know, they come to London. And of course, because London is such a, you know, multicultural city, you can find food from all around the world over here, which is one of the reasons why I love it. But they often come to me and say, 'What is British food?'

Joe I suppose I didn't really know. We had the stuff that we would eat on a Sunday, like a roast, you know, some roast chicken with vegetables, all the trimmings. Shepherd's pie or cottage pie, like you said, and then the East London, sort of, signature meal is pie and mash. And that is something that I... was a staple for me. I was brought up on that. And they reckon... they believe that it's the oldest form of fast food in the world.

Stephanie Really? I'm surprised!

Stephanie　영국 음식 얘기 나와서 말인데 저번에 코티지 파이를 만들었거든? 혹시 코티지 파이 좋아해?

Joe　코티지 파이 좋아하지. 어떻게 만드는 거야?

Stephanie　난 보통 소고기로 만드는 편이야. 코티지 파이엔 소고기, 셰퍼드 파이엔 다진 양 고기를 써. 소고기랑 양파, 토마토가 필요한데 통조림 토마토면 돼. 여기에 마늘 조금, 우스터소스 약간 있으면 돼. (우스터소스가) 아주 중요하지. 그리고 그 위에 부드러운 으깬 포테이토를 얹고 체다를 조금 갈아 올려서 오븐에 넣으면 보글 보글…

Joe　당장 오븐에 넣어!

Stephanie　내가 가르치는 학생들이 런던으로 많이 오잖아. 런던도 여러 문화가 어우러진 도 시라 전 세계 음식을 맛볼 수 있고. 내가 런던을 좋아하는 이유이기도 해. 그런데 학생들이 나한테 가끔 영국 음식이 뭐냐고 물어보더라고.

Joe　내가 잘 몰랐던 것도 같은데. 보통 일요일에는 로스트를 해 먹잖아. 로스트 치킨 을 야채와 각종 곁들여 먹는 것들이랑 같이 먹지. 네가 말한 것처럼 셰퍼드 파이 랑 코티지 파이도 있고. 여기에 이스트 런던 대표 음식인 파이 앤 매시도 빼놓을 수 없지. 그게 내 주식이었거든. 그거 먹으면서 자랐단 말이지. 이게 패스트푸드 의 시초라는 얘기도 있더라고.

Stephanie　정말? 놀라운데!

핵심 어휘 및 표현

❄️ 영국에서 자주 쓰는 핵심 어휘 및 표현을 학습해 보세요.

To stick *something*★★

'stick'이 동사로 사용되면 '어떤 것을 재빨리 찔러 넣다'라는 의미가 있어요. '이것저것 생각 말고 얼른 넣어'라는 의미예요.

You know★★★

원어민이 습관처럼 하는 표현으로 특별한 의미는 없지만 대화 중간중간 사용하면 회화가 굉장히 자연스러워져요. 상황에 따라 '있잖아', '알지?', '음' 정도로 해석할 수 있습니다.

Trimmings★

요리에 '곁들여 나오는 음식'을 'trimmings'라고 해요. 어떤 메인 메뉴를 시켰을 때 같이 나오는 당근, 브로콜리, 으깬 감자 등을 말해요.

Signature meal/dish★

'시그니처' 메뉴, 한국에서도 그대로 사용하는 단어죠. 영어로 'signature meal/dish'는 그 레스토랑에서 가장 인기 있는 대표 요리를 뜻합니다.

> **예문** Our signature dish is fish and chips.
> 우리 대표 요리는 피시 앤 칩스예요.

I'm surprised★★★

'놀랍다'라는 뜻으로 어떤 것이 예상을 벗어났을 때 자주 사용해요. 반대로 'I'm not surprised'라고 하면 (이미 예상해서) '놀랍지 않다'라는 뜻입니다.

⚜ 오늘 배운 표현을 활용하여 아래 문장들을 말해 보세요.

To stick *something*

1. 내 폰을 네 가방에 넣어도 될까?
(can, my phone, in, your bag)

2. 그 피자 좀 전자레인지에 넣어 줄래요?
(could, the pizza, in, the microwave)

3. 네 지갑은 그 아래쪽에 집어넣어.
(your wallet, down there)

You know

4. 난 그 결정에 절대 동의한 적 없어, 알잖아.
(never, agreed with, the decision)

5. 그 음식 정말 별로였어, 알잖아.
(the food, terrible)

6. 있잖아, 그거 진짜 좋은 생각이야.
(that, a really, good, idea)

정답

1. Can I stick my phone in your bag?
2. Could you stick the pizza in the microwave?
3. Stick your wallet down there.
4. I never agreed with the decision, you know.
5. The food was terrible, you know.
6. You know, that's a really good idea.

British Food 영국 음식

🇬🇧 실제 영국인들의 대화를 통해서 생생한 영국식 영어를 체험해 보세요.

Joe   There's an East End, pie and mash shop on Hoxton Street in northeast London, and that's been going for 160 years.

Stephanie   I've never tried it, to be honest, I've never tried it. But I'd like to!

Joe   Yeah, that and a bit of chilli vinegar.

Stephanie   I do like a bit of chilli, yeah. I've started to like it. I mean, I used to eat everything kind of very bland, well not bland, but mild, let's say. So, if I went for a curry, I'd always get the chicken korma, or something like that. Very kind of mild, let's say. But nowadays I like a bit more spice in my life. I've been trying hotter curries. In fact, curry is apparently one of the main established British foods as well.

Joe   Yep. I suppose it's like our history, right? We, have a connection with the East and lots of spices, et cetera. And then… but I think the curry became very big around the, sort of, 60s, 70s, when lots of people from India and Bangladesh and Pakistan came to the UK. And now, it's basically our favourite meal. Most big cities in the UK will have a curry mile where there'll be like a long, long street where it's just Indian, Bangladeshi food restaurants. In Manchester, it's the north of Manchester, the curry mile, and there's one in Bradford as well, which is in Yorkshire. And uh, there, you can get your curry, if you wanted, in a Yorkshire pudding.

Stephanie   I'm not sure how I feel about that. Yeah, surely they don't go together.

| Joe | 이스트 엔드 있지, 노스이스트 런던의 혹스톤가에 가면 160년 된 파이 앤 매시 가게가 있어. |

| Stephanie | 그래? 솔직히 한 번도 안 먹어 봤어. 시도도 안 해 봤는데 한번 먹어 보고 싶네! |

| Joe | 응, 거기다가 고추 식초도 좀 뿌리고. |

| Stephanie | 나도 좀 매콤한 게 좋더라. 좋아졌다고 해야 하나? 원래는 음식을 엄청 싱겁게 먹었거든. 싱겁다기보다 좀 순하게 먹는 편이었어. 그래서 카레 먹으러 가면 꼭 치킨 코르마 같은 걸 주로 먹었지. 그것도 엄청 순한 맛이거든. 근데 요즘에 좀 자극적인 걸 찾게 되더라. 그래서 좀 매운 카레도 시도해 보는 중이야. 사실 카레가 영국에 확실히 자리 잡은 대표적인 음식 중 하나래. |

| Joe | 맞아. 영국 역사의 일부라고 볼 수 있지. 동쪽 국가들이랑 무역을 해 와서 향신료 등이 다양하게 들어왔잖아. 내 생각에 60-70년대에 인도, 방글라데시, 파키스탄 사람들이 영국으로 많이 이주하면서 퍼지기 시작한 것 같아. 이제는 영국인들이 사랑하는 음식이 됐지. 영국 대도시에는 어딜 가든 '카레 마일'이라는 게 있잖아. 인도, 방글라데시 식당이 죽 길게 이어져 있는 거리지. 맨체스터에서 '카레 마일'에 가려면 북쪽으로 가야 돼. 요크셔에 있는 브래드포드에도 하나 있고. 거기선 원하면 요크셔푸딩에 카레도 넣어 먹을 수 있어. |

| Stephanie | 그건 잘 모르겠다. 카레랑 요크셔푸딩이 잘 어울리진 않을 텐데. |

핵심 어휘 및 표현

✚ 영국에서 자주 쓰는 핵심 어휘 및 표현을 학습해 보세요.

A bit of***

'조금', '약간'이라는 뜻이에요. 영국인이 정말 자주 쓰는 표현이에요.

To go for**

'선택하다'라는 뜻으로 'choose'보다 캐주얼한 느낌이에요. 주로 카페나 레스토랑에서 메뉴를 고를 때 사용합니다.

예문 Have you decided what you're gonna go for?
뭐 먹을지 결정했어?

Apparently***

'듣기로는', '듣자 하니'라는 뜻이에요. 어디서 들었지만 100% 확실하지 않은 내용을 말할 때 사용해요. 영국인과 대화하면 'apparently'를 정말 많이 들을 수 있어요.

To become big*

어떤 것이 굉장히 '유명해지다', '인기가 많아지다'라는 뜻이에요. 예전엔 인기가 많지 않았던 사람, 음악, 요리 등에 다양하게 쓸 수 있어요.

To go together**

맛, 색, 액세서리, 옷 등이 서로 잘 어울릴 때 'go together'라고 해요.

예문 Do my shoes and dress go together?
내 신발이랑 드레스 잘 어울려?

연습 문제

❄ 오늘 배운 표현을 활용하여 아래 문장들을 말해 보세요.

A bit of

1. 설탕 조금 주시겠어요?
   (could, give, me, sugar, please)

2. 실례지만 종이 조금만 사용할 수 있을까요?
   (sorry, could, I, use, paper)

3. 오늘 사무실에서 조금 문제가 있었어.
   (had, trouble, at, the office, today)

Apparently

4. 그 강의 취소됐대.
   (the lecture, cancelled)

5. 오늘 비 온다고 하더라.
   (it's, going to, rain)

6. 듣자 하니 샘이 곧 결혼한대.
   (Sam, getting, married, soon)

정답

1. Could you give me a bit of sugar, please?
2. Sorry, could I use a bit of paper?
3. I had a bit of trouble at the office today.
4. The lecture is cancelled, apparently.
5. Apparently, it's going to rain today.
6. Apparently, Sam is getting married soon.

✦ 실제 영국인들의 대화를 통해서 생생한 영국식 영어를 체험해 보세요.

Joe
Maybe you could explain what a Yorkshire pudding is.

Stephanie
You need flour, eggs and I think a bit of milk. And you kind of make these — I guess you would describe it as a kind of almost like a very soft bread, and it rises up in the oven. It's crunchy on the outside, soft on the inside.

Joe
It's airy as well, isn't it? But the big thing about it is it's shaped like a little bowl, right? It rises into a bowl shape, so it's perfect. If you want you can fill it with gravy. You can fill it with whatever you like.

Stephanie
So good, so good. I mean, it's... from what we've been saying, all the food we've been talking about, I'd probably say that British food is quite heavy, right? Like a bit stodgy.

Joe
Yep. Certainly. What about the Cornish pasty? That is a fantastic. What would you say that is? That there is like a...

Stephanie
Like a mini pie, really, filled with, usually beef. Like, traditionally it's beef, a bit of potatoes, some peas.

Joe
The point of them is that you're able to take them with you.

Stephanie
Exactly, yes. It's like a little, pocket lunch all in one. I heard that, apparently, Cornish pasties were invented for the miners who used to spend, you know, hours out in the mines, and they'd need a substantial lunch. So, they would pop one or two maybe in their pocket.

Joe
Ok.

Joe	혹시 요크셔푸딩이 뭔지 설명해 줄 수 있어?
Stephanie	밀가루랑 계란에 우유 조금이 필요해. 그것으로 만들 수 있어. 내 생각에 엄청 몰랑몰랑한 빵이 오븐 속에서 부풀어 오른다고 설명할 수 있을 것 같아. 겉은 바삭바삭하고 속은 촉촉하지.
Joe	속도 좀 비어 있지, 그렇지? 아무튼 중요한 건 이 빵 모양이 작은 그릇 같다는 거지. 빵이 그릇 모양으로 부풀잖아. 그래서 그레이비든 뭐든 원하는 걸 넣어 먹기 딱 좋아.
Stephanie	좋다. 아무튼 여태까지 우리가 얘기한 음식을 보니 영국 음식은 좀 소화가 쉽지 않은 음식이라고도 할 수 있겠네. 그렇지? 약간 포만감을 주는 것들 말이야.
Joe	응. 확실히 그렇지. 코니시 패스티는 어때? 그거 진짜 맛있잖아. 이걸 뭐라고 설명해야 하나? 그건 마치...
Stephanie	미니 파이 같은 거지. 보통은 소고기가 들어가. 전통적으로 소고기에 감자 조금이랑 완두콩이 들어가.
Joe	중요한 건 들고 다니면서 먹을 수 있게 만들었다는 점이야.
Stephanie	그렇지! 약간 주머니에 넣어 다니는 점심 도시락 같은 거랄까. 듣기로는 코니시 패스티가 광부들을 위해 만들어진 음식이래. 몇 시간 동안 광산에서 일해야 하니까 든든한 점심이 필요했겠지. 한두 개 정도 주머니에 넣어 다녔을 테고 말이야.
Joe	그렇네.

🇬🇧 영국에서 자주 쓰는 핵심 어휘 및 표현을 학습해 보세요.

I guess***

'~일 것 같아'라는 뜻으로 지금 얘기하는 것에 100% 확신이 없을 때 주로 사용하는 표현이에요.

Stodgy*

포만감을 주는 음식을 묘사할 때 사용하는 단어예요. 보통 탄수화물이 굉장히 많은 음식을 뜻합니다.

예문 On a cold morning, a stodgy bowl of porridge is perfect!
추운 아침엔 든든한 죽 한 그릇이 최고지!

What about *something*?**

캐주얼한 대화에서 많이 사용하는 표현으로 '이건 어때?'라는 뜻이에요.

Exactly, yes**

상대방 의견에 강하게 동의할 때 쓰는 표현이에요. '정확해', '100% 동의해'라는 뜻이에요.

예문 **A:** It's a ridiculous idea.   **B:** Exactly, yes!
A: 그건 말도 안 되는 생각이야.   B: 맞아! 100% 동의해.

Substantial**

양이나 크기가 '상당한'이라는 뜻이에요. 음식의 양이나 공간의 크기를 묘사할 때도 자주 사용됩니다.

연습 문제

❋ 오늘 배운 표현을 활용하여 아래 문장들을 말해 보세요.

I guess

1. 나 가야 할 것 같아.
(should, get, going)

2. 다 괜찮을 거야.
(everything, will, fine)

3. 네가 맞는 것 같아.
(you, right)

What about *something*?

4. 그리스는 어때?
(Greece)

5. 우리 집에서 저녁 어때?
(dinner, at, my place)

6. 치킨 대신 피자는 어때?
(pizza, instead of, chicken)

정답

1. I guess I should get going.
2. I guess everything will be fine.
3. I guess you are right.
4. What about Greece?
5. What about dinner at my place?
6. What about pizza instead of chicken?

🎌 실제 영국인들의 대화를 통해서 생생한 영국식 영어를 체험해 보세요.

Stephanie So, do you have a favourite British food or dessert?

Joe You know what I had, and I hadn't had for a long time. I had apple crumble with custard. And I just, I mean, custard. I hadn't had custard for a long time. It took me back. I got very nostalgic. I felt like I was in primary school again. I was in heaven.

Stephanie Delicious. Yeah.

Joe What's yours?

Stephanie I'd definitely say I love Victoria sponge, which apparently was invented by Queen Victoria herself, for afternoon tea.

Joe That is a fantastic one. If we're on the topic, high tea is a fancy thing. I actually have never really had it the way that it looks — you're supposed to have it.

Stephanie It goes finger sandwiches at the bottom... middle tray would be, yes, scones with cream and jam and then, if you're feeling extra indulgent, the top layer would be like little cakes, you know?

Joe Lovely jubbly!

Stephanie I love that sort of thing. It's very popular for birthday treats and things like that; I've seen so many groups of usually women going to a café and treating themselves to an afternoon tea, maybe with a glass of prosecco on the side, or champagne, if you're feeling flush.

Stephanie	가장 좋아하는 영국 음식이나 디저트 같은 거 있어?
Joe	나 한동안 못 먹다가 먹은 거 있어! 저번에 애플 크럼블에 커스터드 크림 얹어 먹었거든. 오래 못 먹었다는 건 커스터드 크림이야. 진짜 오랜만에 먹었거든. 옛날 생각나더라고. 추억이 새록새록 떠오르더라. 초등학교로 돌아간 느낌이었어. 천국이었지.
Stephanie	맛있지. 맞아.
Joe	넌 뭐가 제일 좋아?
Stephanie	나는 빅토리아 스펀지가 제일 좋아. 빅토리아 여왕이 애프터눈 티 때 먹으려고 직접 발명한 레시피래.
Joe	환상적이지. 말 나온 김에 하이 티*는 좀 화려하잖아. 난 사실 하이 티를 정식으로 경험해 본 적은 없어. (*오후 늦게나 이른 저녁에 요리한 음식, 빵 버터, 케이크를 차와 함께 먹는 것)
Stephanie	핑거 샌드위치가 제일 아래 칸에 있고 중간 칸에 크림이랑 잼을 곁들인 스콘이 들어가. 더 푸짐하게 먹고 싶으면 꼭대기에 작은 케이크도 있어.
Joe	완전 좋네!
Stephanie	난 그런 게 좋더라. 생일 선물로도 인기 있는 편이야. 주로 여자들 사이에서 핫하지만 진짜 많이들 하더라고. 친구들끼리 카페 같은 데서 애프터눈 티 시켜 놓고 여기에 기분 좀 내고 싶으면 프로세코나 샴페인도 한 잔 시키기도 해.

✤ 영국에서 자주 쓰는 핵심 어휘 및 표현을 학습해 보세요.

It took me back*

어떤 것으로 인해 과거 좋았던 추억을 회상하게 되었다는 뜻이에요.

예문 Singing Britney Spears at karaoke took me back to singing in my bedroom.
노래방에서 브리트니 스피어스 노래를 부르면 내 방에서 노래 부르던 때가 생각나.

Primary school**

영국의 초등학교를 뜻합니다. '내가 초등학생이었을 때'를 영어로 하면 보통 'When I was a primary school student'라고 하는데 여기선 전치사 in 을 써서 'When I was in primary school'이라고 하는 게 훨씬 자연스러워요.

Delicious***

'맛있는'이라는 형용사이지만 영국인들은 주로 감탄사처럼 씁니다. 'Wow, delicious!(와, 정말 맛있다!)처럼요. 감탄사가 아닌 일반 회화에서 맛있다는 간단하게 'good'을 더 자주 사용해요.

To treat *someone* to *something***

someone에게 something을 대접한다는 뜻이에요. someone, something 부분만 바꿔가며 다양하게 활용할 수 있습니다.

On the side**

메인 음식과 따로 나오는 요리를 뜻해요. 섞이지 않게 다른 접시에 사이드 메뉴를 담아 달라고 요청할 때도 많이 쓰는 표현이에요.

✦ 오늘 배운 표현을 활용하여 아래 문장들을 말해 보세요.

To treat *someone* to *something*

1. 모닝커피는 내가 살게.

(will, you, a morning coffee)

2. 오늘 너한테 한국 음식 대접해도 될까?

(can, you, Korean food, today)

3. 오늘 저녁은 내가 살게.

(will, you, dinner, today)

On the side

4. 소스는 옆에 따로 주시면 좋을 것 같아요.

(I'd like, have, the sauce)

5. 콩은 따로 (다른 접시에) 주실 수 있나요?

(is it, possible, have, the beans)

6. 감자튀김은 따로 주시겠어요?

(could, have, fries)

정답

1. I will treat you to a morning coffee.
2. Can I treat you to Korean food today?
3. I will treat you to dinner today.
4. I'd like to have the sauce on the side.
5. Is it possible to have the beans on the side?
6. Could I have fries on the side?

실제 영국인들의 대화를 통해서 생생한 영국식 영어를 체험해 보세요.

| Joe | And now, as it's Friday, maybe... will you be having any fish? I know that that's a pretty common thing. There's a fish and chip shop around right near me which does these massive portions of fish. Fish and chips, probably the most... the meal most synonymous with the UK. Uh... and this fish and chip shop, every Friday, because traditionally, Christians will eat fish on Fridays, this fish and chip shop has people lining up in a queue around the block. It's so popular. |

Stephanie   To be honest, I don't eat it that much. Maybe I should eat it more 'cause it is really tasty.

Joe   Alright, well, lovely chatting with you. All this talk has made me famished, so I'm ready...

Stephanie   Yeah, me too. I think I need a snack.

Joe   So, let's call it a day and head off.

Stephanie   Alright, bye!

Joe	그러고 보니 금요일인데 혹시 생선 요리 먹을 거야? 많이들 그러잖아. 우리 집 근처에 피시 앤 칩스 가게가 하나 있는데 거기 양이 또 엄청나거든. 아무래도 역시 영국 대표 음식은 피시 앤 칩스겠지. 전통적으로 기독교인들이 금요일에 생선을 먹어서 그런지 매주 금요일마다 이 가게 부근에 대기줄이 엄청나. 진짜 인기 있거든.
Stephanie	난 사실 피시 앤 칩스 자체를 자주 먹진 않아. 좀 더 자주 먹을까 봐. 맛은 진짜 좋거든.
Joe	그래. 오늘 이야기도 즐거웠어. 얘기하다 보니 배고파 쓰러질 것 같아. 난 (먹을) 준비가 됐어.
Stephanie	나도. 간식이라도 먹어야겠어.
Joe	그럼 오늘은 이만 마무리하고 떠나 볼까?
Stephanie	그래, 안녕!

🇬🇧 영국에서 자주 쓰는 핵심 어휘 및 표현을 학습해 보세요.

Portions**

음식의 양을 'portions'라고 해요.

예문 Are the portions enough for 4 people?
4명 먹기 충분한가요? (4인분인가요?)

Queue***

차례를 기다리며 서 있는 '줄'을 'queue'라고 해요. 영국엔 줄 서는 문화가 굉장히 발달되어 있어서 길게 늘어진 queue를 쉽게 볼 수 있답니다.

예문 Are you in the queue?
지금 줄 서 있는 중이세요?

Famished*

hungry보다 훨씬 심하게 배가 고플 때 쓰는 형용사예요. '배고파 쓰러질 것 같다' 정도의 배고픔입니다. 이미 강한 형용사라 very, really 등과 같이 쓰지 않아요.

To call it a day*

'마무리하다'라는 뜻으로 어떤 일을 끝낼 때 주로 사용해요. 밤에는 'to call it a night'이라고도 합니다.

To head off**

'떠나다'라는 뜻으로 보통 다른 곳으로 가기 위해 현재 있는 장소를 떠날 때 사용해요. 가까운 지인과의 대화에 자주 등장하는 표현이에요.

연습 문제

✤ 오늘 배운 표현을 활용하여 아래 문장들을 말해 보세요.

To call it a day

1. 오늘 업무는 여기까지 하죠.
(let's)

2. 이번 미팅은 여기서 마치도록 하겠습니다.
(let's, on, this meeting)

3. 너 퇴근하는 게 좋을 것 같아.
(you, should)

To head off

4. 아침 7시에 떠나는 게 좋을 것 같아.
(I, should, at, 7 am)

5. 나 이제 가 볼게.
(I'm, going to, now)

6. 우리 이제 움직이는 게 좋지 않을까?
(should, we, now)

정답

1. Let's call it a day.
2. Let's call it a day on this meeting.
3. You should call it a day.

4. I should head off at 7 am.
5. I'm going to head off now.
6. Should we head off now?

영국 음식은 정말 맛이 없을까?

'영국 음식' 하면 어떤 이미지가 떠오르나요? 아마 맛이 없다는 생각이 먼저 들 것 같아요. 사실 영국 음식은 전 세계 많은 사람들의 사랑을 받고 있답니다.

생선, 주로 대구를 튀겨서 감자튀김과 함께 먹는 피시 앤 칩스(Fish and Chips), 소고기를 얇고 넓게 썰어 채소와 함께 오븐에 구워 먹는 로스트 비프(Roast Beef), 소고기를 파이 안에 넣고 통째로 구워 고기의 육즙과 맛을 그대로 살리는 비프 파이(Beef Pie) 등 인기 있는 요리가 많아요. 특히 로스트 비프는 펍(pub)에서 주로 일요일에만 제공하기 때문에 선데이 로스트(Sunday Roast)라고도 불러요.

물론 악명 높은 영국 음식도 있어요. 냄새가 고약한 잼, 마마이트(Marmite)를 듬뿍 바른 샌드위치, 민물 장어를 푹 삶아 차갑게 굳혀 먹는 비린내가 가득한 장어 젤리(Eel Jelly), 정어리 머리와 꼬리가 그대로 붙어 있는 정어리 파이(Stargazy Pie) 등 비위가 좋지 않다면 시도조차 못하는 요리도 많답니다.

맛은 주관적이라 영국 음식에 대해서 단정적으로 말하긴 어려울 것 같아요. 다만 평소에 영국 음식은 최악이라고 생각하신 분이 있다면 일요일 낮에 선데이 로스트와 시원한 맥주 한잔을 꼭 권해 드리고 싶어요. 영국 음식과 사랑에 빠질 수도 있답니다.

British Weather
영국 기후

🇬🇧 실제 영국인들의 대화를 통해서 생생한 영국식 영어를 체험해 보세요.

Joe	So, Stephanie, how are you today?

Stephanie　I'm very, very good, thank you. How are you?

Joe　I'm wonderful. I'm somebody who is, kind of, affected emotionally by the weather, and when the weather is beautiful, I just feel positive.

Stephanie　Yeah, me too. It's beautiful today. So sunny, a bit, nippy.

Joe　Oh, right, is it?

Stephanie　But yeah. Beautiful sun today.

Joe　I can't see a cloud in the sky.

Stephanie　Yeah. Look at us making small talk!

Joe　Yes! But yeah, I think for me, that's quite a British thing. My theory is that it is quite polite. It's something that we definitely have in common. We can't disagree. We can't say 'It's not raining' when it's raining. So, it's something where you find something where you immediately agree with each other. And I think that's quite nice.

Joe	스테파니, 잘 지내?
Stephanie	아주 잘 지내. (물어봐 줘서) 고마워. 너는?
Joe	너무 좋아. 나는 기분이 날씨 따라가는 편인데 오늘은 화창해서 그런지 느낌이 좋아.
Stephanie	응, 나도 그래. 오늘 날씨 정말 좋지? 화창하고. 약간 쌀쌀하긴 하지만.
Joe	오, 그래?
Stephanie	응. 오늘 해가 쨍쨍해.
Joe	하늘에 구름 한 점 없네.
Stephanie	그러게. 우리 (날씨로) 수다 떠는 것 좀 봐!
Joe	그러게! 상당히 영국스러운 대화다. 내 생각엔 예의를 차려서 그런 것 같아. 날씨는 공통적인 거라 다들 동의할 수밖에 없잖아. 비가 오는데 비가 안 온다고 할 수는 없으니까. 그래서 상대방과 주저 없이 서로 고개를 끄덕일 수 있지. 좋은 것 같아.

핵심 어휘 및 표현

🇬🇧 영국에서 자주 쓰는 핵심 어휘 및 표현을 학습해 보세요.

To feel positive★★

'느낌이 좋다', '긍정적인 마음이다'라는 뜻이에요.

예문 I'm feeling positive about my exam results.
시험 결과에 대한 느낌이 좋아.

Nippy★

'쌀쌀한'이라는 뜻으로 코트를 꺼내 입어야 한다면 'nippy'한 날씨라고 합니다.

Look at us!★

'우리를 봐!'라는 의미로 자랑스럽거나 뿌듯한 일을 했을 때 쓰는 표현이에요. '내가 한 일 좀 보고 칭찬해 줘' 라는 의미를 담고 있어요. 나 혼자 한 일이면 'Look at me!'라고 하면 됩니다.

Small talk★★

분위기 전환을 위해 가볍게 나누는 얘기를 'small talk'라고 해요. 보통 날씨나 드라마, 음식같이 논쟁거리 가 아닌 가벼운 주제로 얘기를 합니다.

To have *something* in common★★

어떤 부분에 공통점이 있다는 뜻이에요. 성격, 취향 등 다양하게 사용하는 표현이에요.

연습 문제

❄ 오늘 배운 표현을 활용하여 아래 문장들을 말해 보세요.

Look at us!

1. 우리 좀 봐. 건강한 채소를 먹고 있어!

(having, healthy, vegetables)

2. 우리 좀 봐. 시키지 않아도 알아서 공부하고 있어.

(studying, without, being, forced)

3. 우리 좀 봐! 우리가 해냈어!

(did, it)

To have *something* in common

4. 우린 공통점이 하나도 없었어.

(we, had, nothing)

5. 내 직장 동료들은 정말 공통점이 많아.

(my colleagues, so much)

6. 너와 나는 공통점이 참 많아.

(you and I, a lot)

British Weather 영국 기후

🏴 실제 영국인들의 대화를 통해서 생생한 영국식 영어를 체험해 보세요.

Stephanie   Yeah, it's a good way to start a conversation with anyone really. It could be a **stranger** at the bus stop, or I don't know, your neighbours or colleagues at work first thing in the morning. People usually mention either the weather, or I suppose they might talk about their commute into work.

Joe   That's it, **common ground**. Finding common ground. And I think that's the nice part.

Stephanie   Yeah, interestingly, everybody asks, 'What's going on with the British weather? Is it always raining in London?' What would you say?

Joe   I used to **be** quite **defensive of** the weather in London before I left London and went to warmer countries. No, it is nice weather. You can get nice weather in London, and London in the summertime is a beautiful place to be.

Stephanie   Oh, yeah, it's amazing. It's interesting because when you read books about London, or watch, I don't know, old movies or TV shows about it, they always **portray** it as a place that's so grey and foggy.

Joe   London used to have this thing, they would just call it 'smog.' So it would be fog, a kind of fog, but it would be mixed with all the pollution from the factories and things like that. Definitely, things are nicer now.

Stephanie   It's unpredictable. It might be beautiful in the morning, sunny like it is today, and dry, and then the next minute, it could be **chucking it down**.

Stephanie	맞아. 누군가와 대화를 시작하기 딱 좋지. 버스 정류장에서 처음 본 사람, 이웃, 직장 동료, 누구든 아침에 맨 처음 얘기하는 주제인 것 같아. 사람들은 보통 날씨 얘기를 하거나 출근길에 대해 이야기하는 것 같아.
Joe	맞아. 공통점. 공통점을 찾는다는 것. 그게 좋은 것 같아.
Stephanie	맞아. 재미있는 것은 다들 이렇게 '영국 날씨에 무슨 일이 일어나고 있는 거야? 런던엔 항상 비가 와?'라고 물어보잖아. 넌 뭐라고 답할 거야?
Joe	난 런던을 떠나 따뜻한 나라에 가 보기 전까진 런던 날씨에 대해 상당히 방어적이었어. 아니다, 사실 런던 날씨 좋아. 런던도 화창할 때가 있고 특히 여름에는 엄청 예쁘다고.
Stephanie	맞아. 진짜 멋지지. 근데 재미있는 게 책이나 옛날 영화, TV 프로그램에서 런던 얘기가 나올 때마다 런던은 칙칙하고 뿌옇게 안개가 낀 장소로 묘사돼.
Joe	런던에 그거 있었지, '스모그'라고 불렀던 거 말이야. 안개 종류인데 공장에서 나오는 오염 물질과 섞이지. 확실히 지금은 훨씬 좋아졌어.
Stephanie	날씨가 예측하기 힘들긴 해. 아침엔 오늘처럼 습도도 알맞고 화창하다가 난데없이 폭우가 쏟아지니까.

핵심 어휘 및 표현

🔱 영국에서 자주 쓰는 핵심 어휘 및 표현을 학습해 보세요.

Stranger***

'낯선 사람'이란 뜻으로 처음 보거나 잘 알지 못하는 사람을 가리키기도 해요. 오래 못 본 친한 친구들이 인사로 'Hello, strangers!'라며 농담처럼 사용하기도 합니다.

Common ground**

'공통점'이라는 명사예요. 앞서 배운 'to have something in common'과 같은 의미입니다.

예문 After two hours of debate, we finally found some common ground.
2시간의 논쟁 끝에 우린 마침내 공통점을 발견했다.

To be defensive of *something***

'어떤 것에 대해 방어적이다'라는 의미예요. 민감하다 싶을 정도로 어떤 것을 옹호하는 모습을 defensive 하다고 해요.

To portray*

'묘사하다'라는 뜻이에요. 특별한 성향, 특징을 말할 때 주로 사용해요.

예문 They were portrayed as heroes in the book.
그들은 그 책에서 영웅으로 묘사되었다.

To chuck it down*

비격식 표현으로 '비가 엄청 쏟아지다'라는 뜻을 갖고 있어요. 'chuck'은 뭔가를 휙 던진다는 뜻이라 하늘에서 아래로 비를 던진다는 의미에서 나온 표현이에요.

❄ 오늘 배운 표현을 활용하여 아래 문장들을 말해 보세요.

To be defensive of *something*

1. 난 내 가족에 대해서 아주 방어적이야.
   (I, very, my, family)

2. 사람들은 항상 그들의 문화에 대해 방어적이야.
   (people, always, their, culture)

3. 남자들은 가끔 그들의 축구팀에 대해 굉장히 방어적이 돼.
   (men, sometimes, very, their, football teams)

To chuck it down

4. 밖에 비가 억수로 쏟아지고 있어!
   (it, is, absolutely, outside)

5. 비가 곧 엄청나게 쏟아질 것 같아.
   (it's, going to, soon)

6. 비가 엄청 쏟아질 거라고 생각했었어.
   (I, thought, it, going to)

정답

1. I am very defensive of my family.
2. People are always defensive of their culture.
3. Men are sometimes very defensive of their football teams.
4. It is absolutely chucking it down outside!
5. It's going to chuck it down soon.
6. I thought it was going to chuck it down.

🇬🇧 실제 영국인들의 대화를 통해서 생생한 영국식 영어를 체험해 보세요.

Joe	Absolutely. Yeah, we can have four seasons in one day, I suppose, you know? It keeps you on your toes.
Stephanie	It certainly does, yes. Always be prepared with an umbrella! At least I am, I don't know about you, Joe? Do you carry an umbrella around with you?
Joe	A little umbrella is okay. One that you can, sort of, extend and pull out is definitely, it comes in handy.
Stephanie	Yeah. So, what's your favourite kind of weather or favourite time of year?
Joe	I think now I'm happiest when it's sunny, but the temperature is not so important for me. I can wrap up if it's cold out, but I just love when there's sun, when there's blue sky above me. Yeah, otherwise, I don't really mind. What about you?
Stephanie	I'm definitely like you. The sun is really important, but I do like hot weather as well. So probably, yeah, around June, July time is really nice, when it's usually hot enough to go to the park and have a picnic, or maybe have a barbecue in your garden.
Joe	Lovely.
Stephanie	And most famously, I think, going to the pub and sitting in a pub garden, and having a nice glass of Pimm's.
Joe	Yeah.

Joe	맞아. 어떤 때는 하루에 4계절을 모두 경험하기도 해, 그렇지? 항상 사람을 긴장하게 만들지.
Stephanie	진짜 그래. 늘 우산을 챙겨야 하지. 적어도 나는 그래. 조 너는 어떨지 모르겠네. 너도 우산 들고 다니니?
Joe	작은 우산은 들고 다니기 괜찮은 것 같아. 늘리고 줄일 수 있는 우산은 확실히 유용하지.
Stephanie	맞아. 그럼 넌 한 해 중에 어떤 계절, 어떤 날씨가 제일 좋아?
Joe	나는 화창한 날씨를 제일 좋아해. 나한테 기온은 별로 안 중요해. 추우면 그냥 껴입으면 되니까. 중요한 건 해가 잘 보이고 하늘이 맑으면 돼. 그 외에 크게 신경 쓰는 건 없어. 너는 어때?
Stephanie	나도 확실히 너랑 비슷한 것 같아. 해가 정말 중요해. 더운 날씨도 정말 좋아해. 그래서 대략 6-7월쯤이 정말 좋아. 공원에서 피크닉도 하고 정원에서 바비큐도 할 수 있는 그 정도 더운 날씨 말이야.
Joe	좋다.
Stephanie	그리고 펍에 가서 야외 가든에 앉아 마시는 맛있는 핌즈 한 잔을 빼놓을 수 없지.
Joe	맞아.

핵심 어휘 및 표현

❊ 영국에서 자주 쓰는 핵심 어휘 및 표현을 학습해 보세요.

To keep *someone* on their toes*

'누군가를 긴장하게 하다'라는 뜻이에요.

예문 Teaching kids keeps me on my toes. I never know what they are going to ask me!
아이들을 가르치는 건 항상 긴장 돼. 나한테 뭘 물어볼지 모르겠거든.

At least I am**

'적어도 나는 그래'라는 의미예요. 앞에 어떤 내용을 언급하고 그 내용이 적어도 나에겐 해당이 된다고 말할 때 자주 사용해요.

To wrap up**

'따뜻하게 옷을 입다'라는 의미예요. 보통 모자, 목도리, 코트 등을 전부 갖춰 입었을 때 'wrap up'이라는 단어를 사용해요.

예문 You have to start wrapping up in November in the UK.
영국에선 11월부터 옷을 따뜻하게 입기 시작해야 해.

I don't mind***

'난 아무거나 괜찮아'라는 뜻으로 영국인이 자주 쓰는 표현이에요. I don't care와 혼동하는 사람들이 많은데 I don't care는 '신경 안 써'라는 의미로 무관심을 표현할 때 사용해요.

Pub garden**

영국에서 자주 쓰이는 단어로 보통 펍 뒤쪽에 있는 야외 가든을 말해요. 가든에 테이블이 잔뜩 있고 그곳에서 술과 음식을 즐깁니다.

연습 문제

❇ 오늘 배운 표현을 활용하여 아래 문장들을 말해 보세요.

At least I am.

1. 우리 다 피곤해. 적어도 나는 그래!
   (we, all, tired)

2. 영어 선생님들은 보통 인내심이 많아. 적어도 난 그래.
   (English teachers, usually, patient)

3. 모두가 열정적이야. 적어도 나는 그래.
   (everyone, passionate)

I don't mind

4. 초콜릿 아니면 바닐라? 흠, 난 다 괜찮아.
   (chocolate, vanilla, hmm)

5. 저녁 먹으러 어딜 가든 난 다 괜찮아.
   (where, we, go, for, dinner)

6. 난 8시에 출근하는 것도 괜찮아.
   (going, to, work, at 8 am)

정답

1. We are all tired. At least I am!
2. English teachers are usually patient. At least I am.
3. Everyone is passionate. At least I am.
4. Chocolate or vanilla? Hmm, I don't mind.
5. I don't mind where we go for dinner.
6. I don't mind going to work at 8 am.

🔰 실제 영국인들의 대화를 통해서 생생한 영국식 영어를 체험해 보세요.

Stephanie However, I do think that British people are quite resilient, and come rain or shine, you know, whatever the situation, they go ahead with their plans. I'll never forget going to Primrose Hill, which is, yeah, this beautiful, kind of, little park, and it was Bonfire Night, when everyone, kind of, goes outside, looks at all the fireworks and everything, and it suddenly started chucking it down.

Joe The heavens opened.

Stephanie That's right. So, I was with my sister on this hill, and it was freezing cold, the heavens opened, and we just thought 'What are we doing here? Let's go! Let's go home. This is awful.' But, everyone else was just sitting there with their umbrella up, drinking the beer that they'd brought along. And they didn't really seem to mind. They were sitting there in the rain, and watching the fireworks anyway, and I just thought, 'Wow, they're strong!'

Joe We shall not be moved! Yeah, and there is a resilience, I think, that you have to have if you're going to grow up in this country, with this weather. Um... saying that, it means that we're always very pleasantly surprised when it's a nice day at a, sort of, a... maybe a less warm time of year.

Stephanie Well, I think every season has its upside. Apart from maybe, I don't know — I hate January and February weather! It's just so gloomy, so grey.

Stephanie	그런데 영국 사람들은 날씨에 내성이 있어서 비가 오나 눈이 오나 그냥 하려던 걸 하는 것 같아. 절대 잊지 못할 기억이 있는데, 프림로즈 힐이라는 작고 예쁜 공원에 갔었거든. 그날이 본파이어 나이트여서 다들 야외에서 불꽃놀이를 구경하고 있었는데 난데없이 폭우가 쏟아지는 거야.
Joe	하늘에 구멍이라도 뚫렸나 보다.
Stephanie	그러니까 말이야. 그때 언덕에서 여동생이랑 같이 구경하고 있었는데 정말 너무 추웠거든. 하늘에 구멍 뚫린 듯 비가 쏟아지고, 여동생이랑 나는 이게 뭐 하는 짓인가 싶어서 집에 가자고, 최악이라는 말을 하고 있었어. 그런데 다른 사람들은 태연히 우산을 펴고 가져온 맥주를 마시더라고? 정말 신경도 안 쓰고 말이야. 퍼붓는 빗속에 앉아서 불꽃놀이 구경을 하는데 정말 다들 대단하다는 생각이 들더라.
Joe	우리는 움직이지 않으리라! 맞아. 이런 날씨의 나라에서 살려면 그 정도 내성은 있어야 해. 말하다 보니 알겠는데, 덜 따뜻한 계절에 날씨가 좋으면 우린 항상 놀라면서도 기분 좋아하는 것 같아.
Stephanie	사실 어떤 계절이든 매력이 있는 것 같아. 아마도 내가 싫어하는 1월이랑 2월 날씨만 빼면. 그때는 너무 우울해. 우중충하기만 해서 말이야.

🇬🇧 영국에서 자주 쓰는 핵심 어휘 및 표현을 학습해 보세요.

Resilient**

힘든 일이 있어도 곧 회복하는 특성을 나타내는 형용사예요. '회복력이 있는', '내성이 있는'이라는 뜻입니다.

예문 To be successful, singers have to be resilient to criticism.
가수들이 성공하기 위해선 비판에 대한 내성이 있어야 해.

Bonfire Night**

매년 11월 5일, '본파이어 나이트'를 기념하며 영국에서 불꽃놀이를 해요. 1605년 11월 5일, 실패로 돌아간 국회 폭파 계획을 기념하는 날이에요.

The heavens opened

갑자기 비가 엄청 내릴 때 쓰는 표현이에요. '하늘에 구멍이 난 것처럼 비가 쏟아진다'라는 의미입니다.

Freezing cold**

'얼어붙을 것 같이 추운'을 'Freezing cold'라고 해요. 이미 춥다는 'cold'를 더 강조하기 위해 '얼어붙듯 이'라는 뜻의 'freezing'을 추가했어요.

Saying that**

'말하다 보니', '생각해 보면'이라는 의미를 갖고 있어요. 앞에 말하던 내용과 이제 말할 내용을 자연스럽게 이어주는 표현입니다.

❖ 오늘 배운 표현을 활용하여 아래 문장들을 말해 보세요.

Freezing cold

1. 여긴 진짜 너무 춥잖아!
   (it's, here)

2. 밖이 얼어붙을 것 같이 추워.
   (it's, outside)

3. 내 손이 얼음장처럼 차가워.
   (my hands, are)

Saying that

4. 영국 음식은 별로야. 그런데 말하다 보니, 난 피시 앤 칩스를 좋아하네.
   (British food, good, but, love, fish and chips)

5. 그 커피 브랜드는 과대평가됐어. 그런데 말하다 보니, 걔네 라테는 꽤 괜찮아.
   (that, coffee brand, overrated, their lattes, quite, good)

6. 난 애플을 좋아해. 그런데 말하다 보니, 난 삼성 핸드폰을 사용하네.
   (love, Apple, but, use, a Samsung phone)

정답

1. It's freezing cold here!
2. It's freezing cold outside.
3. My hands are freezing cold.
4. British food isn't good, but saying that, I love fish and chips.
5. That coffee brand is overrated, but saying that, their lattes are quite good.
6. I love Apple, but saying that, I use a Samsung phone.

❋ 실제 영국인들의 대화를 통해서 생생한 영국식 영어를 체험해 보세요.

Joe	We mentioned quite a few, different phrases actually during this, intentionally or unintentionally. There might be a couple that are worth revisiting.
Stephanie	So one of them could be 'the heavens opened.'
Joe	'The heavens opened.' That's when it really is raining, right? Boiling. 'Boiling' is obviously just the temperature of water. Hopefully, it's never 100 degrees, but we, you know, we like to exaggerate.
Stephanie	Um, a nice idiom that we used earlier was 'come rain or shine.' It means, whatever the situation is, we're going to do what we've planned. We also said 'gloomy,' so we described the weather as gloomy.
Joe	It's a way to describe the weather, but also it can be, like, a character trait as well. You know, somebody who's, like, not depressed, but just down and not very positive, and the weather can be described that way. There's a nice one that we haven't mentioned, but I like it because I consider myself an optimist. 'Every cloud has a silver lining.'
Stephanie	I actually really love that idiom as well. It basically means you should see the positives when there's a negative situation. I like it, it's very positive, good if you're an optimist. Well, I think that's all for today.
Joe	Yeah. Always a pleasure to see you.
Stephanie	Take care. Bye!

| Joe | 오늘 대화 중에 준비한 것 외에도 꽤 많은 표현을 다뤘네. 몇 개는 다시 되짚어 보면 좋을 것 같아. |

| Stephanie | '하늘에 구멍이 뚫리다'라는 표현이 있었잖아. |

| Joe | 'The heavens opened'였지. 정말 억수로 퍼부을 때 쓰는 말이야. 또 'boiling'도 있지. 당연히 'boiling'은 물의 온도를 의미하지. 날씨가 100 도는 절대 될 수 없겠지만 과장할 때 쓰기도 해. |

| Stephanie | 또 아까 전에 'come rain or shine'이라는 좋은 숙어도 썼어. 비가 오나 눈이 오나, 어떤 상황과 관계없이 계획한 바를 한다는 뜻이었지. 또 날씨가 우울하다고 표현할 때 'gloomy'라는 단어를 썼었어. |

| Joe | 날씨를 묘사하는 거지만 성격을 말할 때 쓰기도 해. 우울증까지는 아니고 보통 긍정적이지 못하고 기분이 가라앉아 있는 사람을 말하지. 날씨도 마찬가지고 말이야. 오늘 대화에선 안 나왔지만 낙관주의자인 내가 좋아하는 표현이 있어. 'Every cloud has a silver lining'이 있지. |

| Stephanie | 나도 그 숙어 정말 좋아해. 부정적인 상황에도 긍정적인 요소는 꼭 있다는 뜻이지. 나도 좋아해. 특히 낙관주의자에게 정말 좋고 긍정적인 표현이지. 음, 그럼 오늘은 이만 마무리해 볼까? |

| Joe | 그러자. 오늘도 정말 즐거웠어. |

| Stephanie | 잘 지내. 안녕! |

🏴󠁧󠁢󠁥󠁮󠁧󠁿 영국에서 자주 쓰는 핵심 어휘 및 표현을 학습해 보세요.

Quite a few**

'꽤 많은', '상당수의'라는 뜻이에요. 표현에 'few'가 들어가서 적은 수를 가리킨다고 생각할 수도 있지만 상당히 많은 수를 의미합니다.

To exaggerate***

'과장하다', '과장해서 말하다'라는 뜻이에요.

예문 Sophie exaggerated how funny her boyfriend was.
소피가 자기 남자 친구가 얼마나 재미있는지 엄청 과장해서 말하더라고.

To feel down**

우리도 기분이 '다운'됐다고 많이 얘기하죠? 아마 영어에서 온 표현인 것 같아요. 'I'm feeling down'이라고 하면 기분이 가라앉았다는 걸 의미합니다.

Every cloud has a silver lining*

'아무리 어려워도 희망은 있어'라는 속담이에요. 보통 위로해 줄 때 많이 사용해요. 우리나라 속담 '하늘이 무너져도 솟아날 구멍이 있다'와 의미가 비슷해요.

To take care**

헤어질 때 하는 인사 중 하나예요. '잘 지내고 다음에 보자'라는 의미입니다. 친구와 헤어질 때 'bye'만 쓰셨다면 이번엔 'take care'라고 말해 보세요.

✳ 오늘 배운 표현을 활용하여 아래 문장들을 말해 보세요.

Quite a few

1. 나 거기 꽤 많이 가봤어.
(I've, been, there, times)

2. 상당수의 사람들이 나타나지 않았다.
(people, didn't, turn, up)

3. 난 올해 꽤 많은 책을 읽었다.
(I've, read, books, this year)

To take care

4. 잘 지내고 다음 주에 보자!
(and, I'll, see, you, next week)

5. 만나서 좋았어. 잘 지내!
(it, lovely, seeing, you)

6. 다음에 볼 때까지, 잘 지내!
(until, next, time)

정답

1. I've been there quite a few times.
2. Quite a few people didn't turn up.
3. I've read quite a few books this year.
4. Take care and I'll see you next week!
5. It was lovely seeing you. Take care!
6. Until next time, take care!

영국 날씨는 정말 안 좋을까?

영국은 날씨 안 좋기로 유명하죠. 1년 내내 비가 오는 우울한 나라라는 이미지가 강해요. 과연 영국 날씨가 정말 그렇게 안 좋을까요?

비가 굉장히 자주 오는 건 사실이에요. 햇살이 쨍쨍하다가도 갑자기 비가 쏟아진답니다. 하지만 보통 짧게 지나가는 소나기(shower)이거나 조금씩 떨어지는 가랑비(drizzle) 수준이고 장대비처럼 마구 쏟아지는(to chuck it down) 경우는 거의 없어요. 그래서 영국엔 비가 올 때 옷에 달린 모자를 쓰거나 그냥 맞고 다니는 사람이 많아요. 우산을 가지고 다니는 사람은 많지 않습니다.

이런 영국 날씨에도 장점이 있을까요? 먼저 여름 날씨는 정말 좋아요. 기온이 25도를 넘는 날이 거의 없고 밤 8~9시까지 해가 지지 않아 따뜻한 여름을 오래 즐길 수 있어요. 비도 거의 오지 않는답니다. 그래서 공원에 누워 햇살을 즐기며 책을 읽고 맥주를 마시는 사람들이 많아요. 겨울엔 기온이 영하로 내려가는 날이 거의 없어서 패딩 입을 날이 많지 않답니다. 비가 자주 오지만 사계절이 뚜렷하고, 따뜻한 여름과 선선한 겨울을 가진 영국 날씨. 하루 빨리 '최악의 날씨'라는 오명을 벗을 수 있는 날이 오면 좋겠어요.

UNIT 04 UK vs. US
영국 영어 vs. 미국 영어

🇬🇧 실제 영국인들의 대화를 통해서 생생한 영국식 영어를 체험해 보세요.

Joe   Hey, Stephanie! How are you?

Stephanie   I'm very good, thank you. How are you?

Joe   Yep, I'm wonderful.

Stephanie   I was so depressed yesterday looking at all the grey and gloomy weather. I was thinking 'oh no, let's get the sunshine back!' But obviously when you have like a cosy, cosy day, let's say, inside the house, you tend to watch so much more TV, right? Like, so many more shows.

Joe   Oh my god, yeah, yeah, Netflix bingeing.

Stephanie   I've been watching this thing called *Mindhunter* on Netflix. And the characters go all over the US, investigating these crimes. It's funny cause since it's an American series, they use a lot of different vocabulary, like different words than we do in Britain.

Joe   What kinds of things do they say?

Stephanie   For example, in the UK, we say, for example, 'motorway' and they always say 'highway.' We say 'pavement' here, they use the word 'sidewalk.'

Joe	안녕, 스테파니, 잘 지내?
Stephanie	나야 잘 지내지, 고마워. 넌 어때?
Joe	나도 아주 잘 지내.
Stephanie	어제 난 좀 우울했어. 날씨가 온통 우중충하고 흐렸거든. 해가 다시 나왔으면 좋겠다 싶더라. 집에서 아늑하게 시간을 보내다 보면 TV도 평소보다 훨씬 많이 보게 되지 않아? 이것저것 더 많이 보게 돼.
Joe	헐, 맞아. 넷플릭스 몰아 보잖아.
Stephanie	나 요즘 넷플릭스에서 <마인드 헌터>라는 걸 보고 있어. 미국 전역을 돌아다니면서 범죄를 파헤치는 내용이야. 미국 드라마다 보니 영국에서 안 쓰는 어휘가 많이 나와서 재밌더라. 우리는 안 쓰는 그런 단어들 있잖아.
Joe	어떤 말을 쓰는데?
Stephanie	예를 들어 영국에선 고속도로를 'motorway'라고 하는데 미국에선 'highway'라고 하잖아. 또 영국에서는 보행자 도로를 'pavement'라고 하는데 미국에선 'sidewalk'라 하고 말이야.

핵심 어휘 및 표현

🇬🇧 영국에서 자주 쓰는 핵심 어휘 및 표현을 학습해 보세요.

Cosy★★

'아늑한', '편안한'이라는 뜻이에요. 따뜻한 집 같은 느낌을 표현할 때 사용하는 형용사입니다.

Let's say★

'예를 들면'이라는 의미로 어떤 특정 상황을 가정해 보라는 의도로 주로 사용해요.

To tend to *V* ★★

'~하는 경향이 있다'라는 뜻으로 주로 행동이나 특성을 나타날 때 사용해요.

> 예문 Don't worry. She tends to arrive late but she'll be here soon.
> 걱정하지 마. 걔 좀 늦는 경향이 있는데 곧 도착할 거야.

To binge *something* or to binge-*V*★

짧은 시간 안에 몰아서 하는 행동을 'binge'라고 해요. 주로 먹는 것, 드라마 보기 등에 사용하는 단어입니다. 'to binge-watch', 'to binge-eat'처럼 뒤에 다른 동사를 붙여서 '몰아 보다', '폭식하다'로 사용하기도 해요.

> 예문 She's so tired because she stayed up all night binge-watching Netflix.
> 그녀는 밤새 넷플릭스를 몰아 봐서 굉장히 피곤하다.

To be called *something*★★★

'~로 불리다'라는 표현이에요. 'To call A B(A를 B라고 부르다)'의 수동태 형식입니다. 본문에서처럼 명사 뒤에 called가 바로 오면서 그 명사가 어떻게 불리고 있는지 설명해 주는 방식으로도 자주 사용해요.

연습 문제

❄ 오늘 배운 표현을 활용하여 아래 문장들을 말해 보세요.

Let's say

1. 그 보고서 곧 마무리할 수 있겠어요? 예를 들면, 3시 정도?
   (could, you, finish, the report, soon, 3 pm)

2. 예를 들어 내가 너를 내 회사에 고용한다고 해 보자.
   (hire, you, at, my company)

3. 내가 너를 용서한다고 가정해 보자.
   (forgive)

To be called *something*

4. 그는 Dan이라고 불려. 왜냐하면 그의 이름이 Daniel이거든.
   (he, because, his, name)

5. 그 넷플릭스 시리즈 이름이 뭐였지?
   (what, was, the Netflix series)

6. 손흥민은 쏘니라고 불려.
   (Son Heung-min, Sonny)

정답

1. Could you finish the report soon? Let's say, 3 pm?
2. Let's say I hire you at my company.
3. Let's say I forgive you.
4. He is called Dan because his name is Daniel.
5. What was the Netflix series called?
6. Son Heung-min is called Sonny.

UK vs. US 영국 영어 vs. 미국 영어

🏴 실제 영국인들의 대화를 통해서 생생한 영국식 영어를 체험해 보세요.

Joe	Yeah, I do believe in my heart of hearts, that 'pavement' is the correct one.
Stephanie	Have you ever been to the States?
Joe	I have. They're quite formal there, aren't they? So they say 'ma'am' and they say 'sir,' quite a lot.
Stephanie	Yeah. It can sometimes be a bit intimidating when an official says to you 'ma'am' or 'sir,' you kind of feel like, 'woah, things are getting serious.'
Joe	I think they see it as quite a friendly thing. So that's like a cultural difference, right? I heard actually that a lot of their words were deliberately simplified so that they were easier to understand.
Stephanie	Yeah, like, you mean things like, for example, the word 'colour?' So we write it with 'L-O-U-R' and they write it 'L-O-R,' so they drop the U.
Joe	Yep, that's true with most of their words that we would, we end with 'O-U-R,' like, 'neighbour.' And lots of things.
Stephanie	'Flavour.'
Joe	'Flavour,' yep, they will take out the U.
Stephanie	Obviously, a lot of our listeners, probably, in South Korea, they tend to learn American English at school, don't they?
Joe	Yeah.

Joe	응, 난 정말 진심으로 'pavement'가 정확한 단어라고 생각해.
Stephanie	혹시 미국 가 본 적 있어?
Joe	응. 다들 굉장히 예의 바르더라, 그치? 'ma'am', 'sir' 같이 격식 있는 표현을 자주 쓰더라고.
Stephanie	맞아. 가끔은 약간 무섭기도 해. 공무 집행하는 분이 와서 'ma'am'이나 'sir'라고 부르면 상황이 엄청 심각해지고 있다고 느껴지잖아.
Joe	미국인들한테는 그게 친근함의 표시인 것 같더라고. 이런 게 문화적 차이겠지? 또 미국인들은 쉽게 이해하기 위해 단어를 의도적으로 단순화한다고 들었어.
Stephanie	맞아. 'Colour' 같은 단어 말하는 거지? 우리는 'L-O-U-R'로 표기하는 반면 미국인들은 'L-O-R'로, 즉 'U'를 생략하잖아.
Joe	맞아. 음… 'neighbour'처럼 O-U-R로 끝나는 대부분의 단어들이 그렇지. 그런 경우가 많아.
Stephanie	'Flavour'도 있어.
Joe	'Flavour'도 그렇지. 미국인들은 U를 빼더라고.
Stephanie	한국에 있는 많은 청취자들이 학교에서는 미국 영어를 배웠을 거야, 맞지?
Joe	맞아.

✦ 영국에서 자주 쓰는 핵심 어휘 및 표현을 학습해 보세요.

To believe in my heart of hearts that *S + V*

어떤 사실을 정말 진심으로 믿고 있다고 말할 때 사용하는 표현이에요.

예문 I believe in my heart of hearts that that movie is overrated.
난 정말 진심으로 그 영화가 과대평가됐다고 생각해.

The States*

미국의 정식 명칭은 'the United States of America'입니다. 너무 길어서 보통 'the States'라고 해요. 'the U.S.'라고도 하고요.

Aren't they?**

문장 끝에 오는 '부가 의문문'으로 내가 앞서 말한 것에 대해 상대방의 동의를 구할 때나 사실 여부를 확인할 때 사용합니다. '그렇지?', '맞지?'라는 의미예요. 앞 문장에 나온 주어 동사(they are)의 위치를 바꿔서 'aren't they?'라고 물어보는 방식입니다.

Intimidating**

'위협적인', '겁을 주는'이라는 뜻이에요. 자신감이 없어지는 상황을 묘사할 때 주로 사용해요.

예문 My boss is so intimidating he makes me feel like a child.
우리 사장님은 너무 위협적이어서 내가 마치 어린아이인 것처럼 느껴져.

Don't they?***

위의 'Aren't they?'와 같은 부가 의문문으로 '그렇지?', '맞지?'라는 뜻이에요. 앞 문장에 일반 동사가 왔다면 be동사 대신 조동사 do를 사용해서 부가 의문문 형태를 맞추면 됩니다.

연습 문제

❋ 오늘 배운 표현을 활용하여 아래 문장들을 말해 보세요.

Aren't they? (or isn't he/she?)

1. 그녀는 친절해, 그렇지?
   (she, is, kind)

2. 그들은 아무것도 몰라, 그렇지?
   (they, are, clueless)

3. 톰이 너랑 동갑이잖아, 그렇지?
   (Tom, is, the same, age, as)

Don't they?

4. 영국 사람들은 술을 좋아해, 맞지?
   (British people, like, drinking)

5. 아이들은 달달한 스낵을 참 좋아해, 그렇지?
   (kids, love, sugary snacks)

6. 어른들은 커피를 좋아해, 그치?
   (adults, like, coffee)

정답

1. She is kind, isn't she?
2. They are clueless, aren't they?
3. Tom is the same age as you, isn't he?
4. British people like drinking, don't they?
5. Kids love sugary snacks, don't they?
6. Adults like coffee, don't they?

🇬🇧 실제 영국인들의 대화를 통해서 생생한 영국식 영어를 체험해 보세요.

Stephanie	So yeah, I've had some of my students using American vocabulary and also grammar sometimes. One of the ones that I always, well, I always correct it actually, because to me it sounds so jarring, is when they say 'I have gotten.'
Joe	Okay, yeah, yeah.
Stephanie	It's like we would never say 'gotten,' we just say 'got.' 'I've got.'
Joe	Food is one thing as well. Now, like, food, we have lots of different words for lots of our food at least. I suppose what's confusing is we have lots of words. One word, they have that word, but they use it for a different type of food. So, of course, we say 'jam,' and they say 'jelly,' for jam. Then we say 'jelly' and they mean 'jello,' which is the wobbly dessert. Uh… you were saying 'scone' for them is a biscuit, but for us, a 'biscuit' is a cookie, right?
Stephanie	Yeah, exactly, yeah. Another one that people often get confused about is 'chips.' So, we say 'chips' for, you know, when we eat fish and chips, for example, so hot chips, and they say 'fries,' don't they?
Joe	Yep, 'fries' or 'French fries.'
Stephanie	My favourite.
Joe	And in America, 'chips' are what we call 'crisps,' right?
Stephanie	Yeah.

Stephanie	내가 가르치는 학생들 중에도 미국식 단어나 문법을 쓰는 학생들이 있거든. 내가 늘 교정해 주는 건 'I have gotten'인데, 학생들이 그렇게 말하면 내 귀에는 너무 이상하게 들리더라.
Joe	오, 맞아.
Stephanie	우리는 절대 'gotten'이라고 안 하고 그냥 'got'이라고 하잖아. 'I've got'이라고 하지.
Joe	음식도 마찬가지야. 대부분의 음식 이름이 달라. 적어도 꽤 많은 음식이 그래. 단어가 너무 많다는 게 헷갈리는 것 같아. 미국인들은 그 단어를 다른 종류의 음식을 지칭할 때 쓰거든. 우린 당연히 잼이라고 하지만 미국인들은 잼을 'jelly'라고 해. 우리가 말하는 젤리는 미국에서 몰랑몰랑한 디저트인 'jello'가 된단 말이지. 미국인에게 'scone'은 비스킷이야. 우리에게 비스킷은 쿠키인데 말이야.
Stephanie	맞아, 정확해. 사람들이 자주 혼동하는 것 중에는 'chips'도 있지. 영국에서 'chips'는 피시 앤 칩스에 곁들여 나오는 뜨거운 감자튀김인데 미국인들은 감자튀김을 'fries'라고 부르잖아, 맞지?
Joe	맞아. 'fries'나 'French fries'라고 하지.
Stephanie	나 (감자튀김) 진짜 좋아해.
Joe	또 미국에서의 'chips'는 우리가 'crisps(감자칩)'라고 부르는 거잖아, 맞지?
Stephanie	맞아.

핵심 어휘 및 표현

🇬🇧 영국에서 자주 쓰는 핵심 어휘 및 표현을 학습해 보세요.

Jarring*

'신경에 거슬리는'이라는 뜻이에요. 행동, 상황, 소리 등을 묘사할 때 주로 사용해요.

예문 Don't remind me of that night. Those memories are jarring for me.

그날 밤을 상기시키지 말아 줘. 나에겐 정말 싫었던 기억이야.

It's like***

'그건 마치…'라는 의미로 앞 문장에 대해 부연 설명, 예시, 비교 등을 할 때 많이 사용해요. 원어민이 정말 자주 쓰는 표현입니다.

At least***

'최소한', '적어도', '그래도'라는 의미예요.

예문 She was quite late but at least she brought me a coffee.

그녀는 꽤 늦었어. 그래도 커피는 사 왔더라고.

I suppose**

'내 생각엔'이라는 의미로 100% 확신이 없을 때 주로 사용하는 표현이에요. 가정을 하거나 내 의견을 조금 부드럽게 표현할 때 사용합니다.

To be/get confused about***

'혼동되는', '이해가 잘 안 되는'이라는 뜻으로 일상회화에서 정말 많이 쓰여요. 복잡한 일이 잘 이해가 안 될 땐 가볍게 'I'm confused.'라고 하면 됩니다.

✳ 오늘 배운 표현을 활용하여 아래 문장들을 말해 보세요.

It's like

1. 그건 마치 괴물 같았어.
   (was, a monster)

2. 영국 사람들은 축구를 사랑해. 그건 마치 미국인들에게 농구 같은 거야.
   (British people, love, football, basketball, for, Americans)

3. 그 여행은 정말 좋았어. 그건 마치 나한테 주는 선물 같았어.
   (the trip, was, really good, a gift, for, me)

I suppose

4. 내 생각엔 대부분의 사람들이 <해리 포터>를 본 것 같아.
   (most, people, have watched, *Harry Potter*)

5. 내 생각엔 그게 도움이 될 것 같아.
   (it, would, helpful)

6. 내 생각에 그건 예산에 따라 다른 것 같아.
   (it, depends, on, the budget)

정답

1. It was like a monster.
2. British people love football. It's like basketball for Americans.
3. The trip was really good. It was like a gift for me.
4. I suppose most people have watched *Harry Potter*.
5. I suppose it would be helpful.
6. I suppose it depends on the budget.

🇬🇧 실제 영국인들의 대화를 통해서 생생한 영국식 영어를 체험해 보세요.

Joe	Yeah. A packet of **crisps**, yeah.
Stephanie	What else do they say? I mean, I know that they've got like, a lot of words for what we call 'rubbish' here in the UK. So you might hear in American films, they say like, 'I'm gonna take out the trash.'
Joe	The 'trash' or the 'garbage' maybe. They really pronounce their 'R's a lot. 'R' like garbage. Yeah. We might say 'what a load of rubbish!' if somebody is speaking and they say something that you think is stupid, we might say 'what a load of rubbish.' And they probably say, 'What a load of garbage!' They also have a different setup at school, right?
Stephanie	I've **noticed** that as well. I've noticed some of my students describing themselves as sophomores, or they talk about going to high school. But we don't really use any of those words here in the UK, do we?
Joe	No. So you'll have 'primary school,' which is probably from about 5 to 11 years old. And then from 11 to 16, you're in 'secondary school.' And then, our 'college,' will be the two years between 16 and 18 before you go to 'university,' but their 'college' is 'university,' right?
Stephanie	That's right. But we would call it 'sixth form', wouldn't we?
Joe	Sixth form, yep, sixth form college.
Stephanie	I don't know. They don't **actually** use the word 'university,' do they?

94

Joe	맞아. 감자칩 한 봉지라고 하지.
Stephanie	또 뭐가 있더라? 영국에선 우리가 'rubbish(쓰레기)'라고 부르는 걸 미국에 선 여러 가지 단어로 표현하잖아. 미국 영화를 보면 쓰레기 내놓는다고 할 때 'I'm gonna take out the trash'라고 하잖아.
Joe	'trash' 혹은 'garbage'라고 하는 거 같아. R 발음도 엄청 쓰잖아. '가알비지'처 럼. 누가 말 같지도 않은 소리를 하면 영국에선 'what a load of rubbish!'라고 하지만 미국인들은 'rubbish' 대신 'garbage'라고 하겠지? 그리고 학교 시스 템도 좀 다른 것 같더라.
Stephanie	나도 눈치챘어. 내 학생 중 몇 명이 자신들을 'sophomore'라고 표현하더라고. 그리고 'high school'에 간다고 얘기했어. 영국에선 잘 안 쓰는 말이지, 그치?
Joe	안 쓰지. 영국에서 초등학교(5-11세)는 'primary school'이야. 중학교(11-16 세)는 'secondary school'이라고 하지. 16세에서 18세 사이 2년간 공부하 는 학교가 'college'고 그 후에 대학교인 'university'에 진학해. 근데 미국의 'college'는 영국의 'university'에 해당하는 것 같더라. 맞지?
Stephanie	맞아. 영국에서는 'sixth form*'이라고 하지 않나? (*sixth form: 영국 학제에서 16-18세 사이의 학생들이 다니는 2년간의 대학 입시 준비 과정)
Joe	맞아. 'sixth form college'라고 하지.
Stephanie	확실하진 않은데 미국에선 'university*'란 단어를 실제로 잘 안 쓰는 것 같아, 그렇지? (*미국에서도 대학교를 university라고 합니다만, college를 더 자주 사용해요.)

❇ 영국에서 자주 쓰는 핵심 어휘 및 표현을 학습해 보세요.

Crisps**

포카칩 같은 얇은 감자칩 스낵을 말해요. 미국 영어에서는 'Chips'라고 합니다.

예문 Can I have a pint of lager and a packet of crisps?
라거 한 잔이랑 감자칩 하나 주시겠어요?

Rubbish*

'형편없는'이라는 뜻으로 무언가가 엉망이거나 불합리하다는 걸 표현할 때 많이 사용하는 단어예요. 명사로 쓰면 '쓰레기'라는 뜻이 됩니다.

예문 I had a rubbish morning! I lost my phone on the bus!
오늘 아침은 정말 최악이었어! 버스에서 폰을 잃어버렸거든!

To notice that S + V / To notice *something*★★★

'인지하다', '의식하다'라는 의미로 어떤 현상에 대해 내가 알아채는 행위를 뜻해요. 극적으로 알아내는 것보다는 자연스럽게 관심이 가는 것을 의미합니다.

Not really★★★

'꼭 그렇진 않아'라는 뜻으로 약간의 부정을 의미해요.

Actually★★★

'사실', '실제로'라는 뜻으로 새로운 내용이나 조금 놀라운 사실을 말하기 전에 사용해요.

예문 Actually, I'm older than you.
사실, 나 너보다 나이 많아.

연습 문제

❄️ 오늘 배운 표현을 활용하여 아래 문장들을 말해 보세요.

To notice that *S + V* / To notice *something*

1. 그녀가 항상 날 도와주려고 노력한다는 걸 알았어.
   (I've, she, always, tries to, help)

2. 난 그가 피곤하다는 걸 알았다.
   (I've, he, tired)

3. 난 폴이 의심스럽게 행동하고 있었다는 걸 알았어.
   (I, Paul, was, behaving, suspiciously)

Not really

4. 나 커피 그렇게 좋아하진 않아.
   (don't, like, coffee)

5. 그게 꼭 문제는 아니야.
   (it's, a problem)

6. 그게 그렇게 중요한 건 아니야.
   (it's, important)

정답

1. I've noticed that she always tries to help me.
2. I've noticed that he is tired.
3. I noticed that Paul was behaving suspiciously.
4. I don't really like coffee.
5. It's not really a problem.
6. It's not really important.

✤ 실제 영국인들의 대화를 통해서 생생한 영국식 영어를 체험해 보세요.

Joe
They just say 'college' over there. You would go to a British university on this side of the pond. We call the Atlantic — I think the Americans and the Brits will call the Atlantic 'the pond.' I think to make it feel like it's not that far away. So we talk about the differences 'across the pond.'

Stephanie
I really like that expression, actually. I remember I made an American friend here in the UK, in London. Um… and she was from California. And she was always so bubbly, and so, you know, quite unlike British people, like, who are a bit more, as we said before, maybe a bit more reserved, a bit more calm a lot of the time. And I remember once she said to me, 'Can you do an American accent?' So I put on this, like, kind of what I would call a standard American accent that I've heard in films and stuff, and she was like, 'That's actually really good. You sound like you're from California!' I was like, 'Oh, okay!'

Joe
Yeah. I think we are definitely better at doing American accents than they are at doing British accents. Any film with an American playing a Brit, yes, almost exclusively, it's usually a horrendous attempt at a British accent.

Stephanie
It's either really, like, sophisticated and really posh, like very, very overly exaggerated 'darling,' speaking like that. Or, it's kind of like, 'Alright, mate! 'Ow you doing?'

Joe
Yeah, trying the Cockney.

Stephanie
Yeah, and failing miserably, usually.

Joe	미국에선 그냥 'college'라고 하는 것 같더라. 이쪽 영국에선 'university'라고 하지만. 우리 영국, 미국 다 대서양을 'the pond'라 부르잖아. 뭔가 우리가 그리 먼 사이가 아니라는 느낌이 들도록 하는 것 같아. 따지고 보면 우리는 지금 연못 이쪽과 저쪽의 차이점을 비교하는 거네.
Stephanie	사실 나 그 표현 매우 좋아해. 런던에서 미국인 친구를 한 명 사귄 적이 있었거든. 캘리포니아에서 온 여자애였는데 성격이 항상 쾌활했어. 우리가 말한 것처럼 내성적이고 차분한 영국 사람들하고는 정말 달랐지. 한 번은 걔가 나한테 미국인 악센트를 할 수 있냐고 묻더라고. 그래서 영화 같은 거에서 들었던, 내가 생각하는 표준 미국 영어를 흉내 냈더니 '와 너 진짜 잘한다! 꼭 캘리포니아 사람 같아!' 라고 하더라. 그래서 그냥 '아 그렇구나!' 했지.
Joe	내 생각엔 미국인이 영국 악센트를 흉내 내는 것보다 영국인이 미국인 악센트 따라 하는 걸 확실히 더 잘하는 것 같아. 영화 보면 영국인 배역을 맡은 미국인들이 나오잖아. 그들의 영국 악센트는 정말 거의 항상 끔찍하더라고.
Stephanie	엄청 고상한 척하거나 고급스럽게 과장해서 말하는 것 같아. 오버하면서 'darling'이라고 말하는 것처럼. 아니면 'Alright mate! Ow you doing?' 같이 말하든지.
Joe	맞아. 코크니 악센트* 흉내를 많이 내지. (*코크니 악센트: 런던에서 자주 들리는 악센트 중 하나)
Stephanie	응, 근데 보통 창피할 정도로 이상하지.

핵심 어휘 및 표현

🇬🇧 영국에서 자주 쓰는 핵심 어휘 및 표현을 학습해 보세요.

Brit**

영국인이라는 뜻이에요. 'A British person'을 줄인 친근한 느낌의 단어입니다.

예문 I was shocked to see so many Brits in Italy.
이탈리아에서 그렇게 많은 영국인을 보다니 놀라웠어.

Across the pond*

'대서양을 건너'라는 의미로 미국에서 본 영국, 영국에서 본 미국을 뜻해요. 두 나라 사이에 작은 연못(대서양)이 하나만 있다는 과장된 표현으로 양국의 가까움을 의미하기도 합니다.

Bubbly**

'쾌활한'이라는 뜻으로 명랑하고 사교성 좋은 사람을 가리키는 형용사예요.

예문 She was so bubbly that we became close very quickly.
그녀 성격이 정말 쾌활해서 우린 아주 빠르게 친해졌어.

Almost exclusively*

'전적으로'라는 의미예요. '거의 모든 경우'라고 해석하면 쉬워요.

To fail miserably*

표현 그대로 해석하면 '비참하게 실패하다'라는 뜻이에요. 뭔가 창피할 정도로 엄청난 실패를 했을 때 쓰는 표현이에요.

❄ 오늘 배운 표현을 활용하여 아래 문장들을 말해 보세요.

Across the pond

1. 그는 대서양을 건너는 여행을 계획 중이야.

(he, planning, a trip)

2. 우린 대서양을 건너 갈 거야.

(we, going to, head)

3. 존은 미국에서 왔어.

(John, travelled, from)

Almost exclusively

4. 그 학생들은 거의 모두 남자였다.

(the students, were, male)

5. 내 식사는 거의 모두 전자레인지로 만들어졌다.

(my meals, were, made, in a microwave)

6. 그들은 전적으로 나에게 의존한다.

(they, rely, on, me)

정답

1. He is planning a trip across the pond.
2. We are going to head across the pond.
3. John travelled from across the pond.
4. The students were almost exclusively male.
5. My meals were almost exclusively made in a microwave.
6. They rely almost exclusively on me.

UK vs. US 영국 영어 vs. 미국 영어

🇬🇧 실제 영국인들의 대화를 통해서 생생한 영국식 영어를 체험해 보세요.

Joe	So, I suppose there are, you know, several small differences, some bigger than others.
Stephanie	Keep watching series and films both in British English and American English so that you can get, you know, both.
Joe	Compare and contrast!
Stephanie	Yeah, that's it!
Joe	So yeah, hopefully, whichever side of the pond you find yourself, you'll have the correct language for each place, yeah?
Stephanie	Exactly, yeah, brilliant. Okay, well, I guess we best wrap up for today.
Joe	Toodle-oo!
Stephanie	Toodle-oo! Goodbye, old chap!
Joe	Uh… good sport! Yeah. Okay.
Stephanie	Okay, so I'll speak to you soon, yeah?
Joe	Okay, yes!
Stephanie	Bye!

Joe	아무튼 작은 차이가 꽤 있는 것 같아. 극명한 것들도 있고.
Stephanie	(청취자분들은) 영국 영어, 미국 영어로 된 영화, 드라마를 계속 보세요. 그래야 두 나라 영어를 모두 익힐 수 있으니까요.
Joe	두 언어를 비교, 대조해 보세요!
Stephanie	바로 그거죠!
Joe	맞아. 바라건대 둘 중 어느 나라에 있든 각 나라에 맞는 올바른 언어를 구사하면 좋겠다, 그치?
Stephanie	그렇지. 좋네. 자, 그럼 오늘은 이만 마무리해 볼까?
Joe	안녕히 가시게!
Stephanie	잘 가게 오랜 친구여!
Joe	훌륭한 사람일세! 좋아.
Stephanie	조만간 또 이야기하자. 오케이?
Joe	좋지!
Stephanie	안녕!

핵심 어휘 및 표현

❊ 영국에서 자주 쓰는 핵심 어휘 및 표현을 학습해 보세요.

That's it.★★

'바로 그거야!'라는 뜻으로 상대방의 말에 공감하거나 맞장구칠 때 사용하는 표현이에요. 문맥에 따라 '그게 (이게) 전부다'라는 전혀 다른 의미로도 사용됩니다.

Hopefully★★★

'바라건대'라는 뜻으로 확실하지 않은 일에 대해 긍정적으로 생각할 때 사용해요.

Toodle-oo!

'안녕'이라는 작별 인사예요. 아주 오래전에 쓰던 단어라 장난식으로 많이 사용해요.

예문 While you study, I'm going out for a drink! Hahaha, toodle-oo!
네가 공부하는 동안 난 나가서 술 마실 거야! 하하하, 잘 있어!

Chap

남자를 친근하게 부르는 비격식 어휘예요. 요즘은 'chap'보다는 'lad'라는 단어를 더 많이 사용해요. 'lad' 도 비격식 단어예요.

예문 There's a chap outside asking for you.
밖에 어떤 남자가 널 찾고 있어.

Good sport!

이 표현도 오래전에 자주 쓰던 표현이에요. 예의 바른 사람을 지칭하는 말입니다.

연습 문제

✳ 오늘 배운 표현을 활용하여 아래 문장들을 말해 보세요.

That's it.

1. 바로 그거야! 완벽해!
   (perfect)

2. 그 버튼을 눌러. 그래, 바로 그거야!
   (press, the button, yes)

3. 오늘은 여기까지입니다 (오늘은 이게 전부입니다).
   (for, today)

Hopefully

4. 면접 잘 되길 바랄게.
   (the interview, will, go, well)

5. 바라건대, 내일 비 안 오면 좋겠다.
   (won't, rain, tomorrow)

6. 크리스 건강이 곧 회복되면 좋겠다.
   (Chris, will, recover, soon)

정답

1. That's it! Perfect!
2. Press the button. Yes, that's it!
3. That's it for today.

4. Hopefully, the interview will go well.
5. Hopefully, it won't rain tomorrow.
6. Hopefully, Chris will recover soon.

영국인은 정말 미국 영어를 못 알아들을까?

많은 사람들이 영국 영어를 배우면 미국에 갔을 때 영어로 소통하기 어렵다고 생각해요. 그럼 정말 영국인과 미국인은 서로 대화가 잘 안 될까요? 미국 영어, 영국 영어가 그렇게 많이 다를까요?

한국에서 정말 인기 많았던 영화 <러브 액츄얼리>를 보면 쉽게 알 수 있어요. 영국 배우와 미국 배우가 서로 자연스럽게 대화하는 모습을 보면 위 궁금증이 바로 해결됩니다. 단어나 발음, 철자가 다른 것들이 있지만 둘 다 영어이기 때문에 소통에는 아무 문제가 없어요.

사실 영국엔 미국인뿐만 아니라 정말 다양한 나라 사람들이 살기 때문에 독특한 발음, 악센트를 잘 알아듣는 경향이 있어요. 런던에 거주하는 사람들 중 영국인이 50%도 안 된다는 2011년 통계가 있을 정도로 런던에선 다양한 스타일의 영어를 접할 수 있어요.

영국 영어, 미국 영어 상관없이 내가 공부한 영어를 정확하고 자신감 있게 말하는 게 가장 중요하다는 사실, 꼭 기억해 주세요.

실제 영국인들의 대화를 통해서 생생한 영국식 영어를 체험해 보세요.

Stephanie	Morning! Joe, how are you?
Joe	I'm alright.
Stephanie	Okay, yeah. I'm fine, too. Thanks for asking.
Joe	I'm sorry, that sounded a little bit rude, didn't it?
Stephanie	Um, yeah, definitely!
Joe	Yeah, yeah. I, well, first of all, I didn't say thanks, did I? And then I said... and I didn't ask you how you were doing.
Stephanie	Yeah, the protocol in the UK is to ask someone how they are as well, right?
Joe	Absolutely, absolutely. I apologise sincerely.
Stephanie	You're forgiven.
Joe	I should be forgiven in this situation. So, today we are talking about etiquette, kind of British social etiquette, I suppose.

Stephanie	좋은 아침! 조, 잘 지내?
Joe	잘 지내지.
Stephanie	그렇구나. 음. 나도 잘 지내. 내 안부 물어봐 줘서 고마워.
Joe	어, 미안. 내가 약간 무례했네, 그치?
Stephanie	음. 많이 무례했지!
Joe	일단 고맙단 말도 안 했고, 맞지? 그다음엔 네 안부도 안 물어봤고 말이야.
Stephanie	그래. 상대방도 잘 지내냐고 물어보는 건 영국의 절차라고. 알지?
Joe	그렇지. 진심으로 사과할게.
Stephanie	용서해 줄게.
Joe	진심으로 사과했으면 받아 주는 게 인지상정이지. 자, 오늘은 예절에 대해, 영국의 에티켓에 대해 알아볼 거야.

영국에서 자주 쓰는 핵심 어휘 및 표현을 학습해 보세요.

Alright★★★

'좋은', '양호한', '건강한', '무사한' 등 긍정적인 의미를 넓게 담고 있는 단어예요. 뜻이 다양해서 여러 상황에 자주 사용됩니다. 정식 표현은 'All right'이지만 짧게 'Alright'이라고도 표기해요.

Thanks for asking★

'물어봐 줘서 고마워'라는 뜻으로 날 걱정해 주는 상대방에게 고마움을 표현할 때 사용해요. 본문에선 Joe 선생님이 안부를 묻지 않아서 Stephanie 선생님이 비꼬는 투로 말했죠.

Protocol★

'절차', '관례'라는 뜻으로 보통 공식적인 절차를 얘기할 때 사용해요.

예문 What is school protocol if a child reports they are being bullied?
아이가 학교 폭력을 당한다고 알렸을 때 학교 절차가 어떻게 되나요?

As well★★★

'As well'이 문장 뒤에 오면 '~도', '또한', '마찬가지로'라는 의미가 됩니다. 보통 'too'를 많이 사용하는데 'as well'은 긍정문에 자주 사용해요.

To apologise sincerely★

To apologise는 '사과하다', '사죄하다'라는 뜻으로 'sorry'보다 더 정중한 표현이에요. 공식적인 자리나 사과 이메일을 보낼 때 자주 쓴답니다. 'Sincerely'는 '진심으로'라는 의미로 사과하는 마음을 더 강조하는 효과가 있어요.

연습 문제

❋ 오늘 배운 표현을 활용하여 아래 문장들을 말해 보세요.

Thanks for asking

1. 시험 잘 봤어. 물어봐 줘서 고마워!
   (the exam, went, well)

2. 나 점점 괜찮아지고 있어. 물어봐 줘서 고마워!
   (feeling, better)

3. 나 괜찮아. 물어봐 줘서 고마워.
   (okay)

As well

4. 너도 초콜릿 사 줄게.
   (I'll, buy, you, some chocolate)

5. 걔네들도 와?
   (are, they, coming)

6. 너도 차 태워 줄까?
   (do, need, a lift)

정답

1. The exam went well. Thanks for asking!
2. I'm feeling better. Thanks for asking!
3. I'm okay. Thanks for asking.
4. I'll buy you some chocolate as well.
5. Are they coming as well?
6. Do you need a lift as well?

🇬🇧 실제 영국인들의 대화를 통해서 생생한 영국식 영어를 체험해 보세요.

Stephanie   Yes, totally. If somebody says 'How are you?' You've always got to say, 'I'm fine, thanks. How are you?' Always ask them back, even if you're not really fine.

Joe   Yeah, it's almost like a greeting.

Stephanie   That's totally right. And... or, we might say something like, 'So, how are things? How's things?', meaning, 'How's it — How's life?' Basically, 'How's it going?' So, I suppose another really important part of our social protocol here in the UK is that we often apologise a lot maybe we over-apologise, we say sorry too much, sometimes. You usually say sorry for bumping into someone, maybe unintentionally.

Joe   Yeah, it's something I think you learn after some time here, you know? You pick (it) up.

Stephanie   Yeah. Students of mine in the past have commented on this and said, 'Why do you always say "thank you" for things? They're serving you, that's kind of their job. Why do you have to keep saying "thank you" all the time?' And I suppose, well, you know as we said just now, it would be, just, yeah, wrong not to say thank you.

Joe   If you go into a British pub, when I go into the gents, usually there are two doors. If you're going into the toilet or coming out of it when somebody else is, when you're crossing paths with somebody, there's always this exchange of 'Sorry. Thank you. Thank you. Oh, sorry. Yep. Cheers. Thank you.'

Stephanie	그렇지. 만약 누가 잘 지내냐고 물어보면 꼭 '전 잘 지내요. 물어봐 주셔서 감사합니다.'라고 말해야 해. 또 상대방은 어떻게 지냈는지 반드시 되물어봐야 하지. 기분이 별로여도 꼭 지켜야 해.
Joe	맞아. 인사말이나 다름없지.
Stephanie	응, 맞아. 또 영국에서 'So, how are things?'나 'How's things?'라고도 하는데 어떻게 지내냐는 말이야. 기본적으로 'How's it going?'이라는 말이지. 또 영국에서 지켜야 할 중요한 사회 매너로는 사과를 자주 하는 거지. 아마 우린 가끔 지나칠 정도로 사과를 너무 많이 하기도 해. 주로 누군가와 실수로 부딪친 경우에 미안하다고 하지.
Joe	맞아. 영국에서 좀 지내다 보면 바로 배우는 것 같아. 자연스럽게 습득하지.
Stephanie	맞아. 내 학생들이 왜 'thank you'를 입에 달고 사냐고 물어봤었어. 서비스하는 건 그 사람들 일인데 왜 항상 감사를 표해야 하냐고 묻더라고. 글쎄, 조금 전에 얘기한 것처럼, 그냥 고맙다고 말을 안 하는 것은 잘못된 것이거든.
Joe	영국 술집 남자 화장실에 가면 보통 문이 두 개 있거든? 화장실 칸에 들어갈 때나 나올 때 누군가와 마주치면 서로 꼭 하는 말이 있어. '죄송해요. 감사합니다. 고맙습니다. 앗, 죄송해요. 네, 감사합니다.' 이런 식이지.

✤ 영국에서 자주 쓰는 핵심 어휘 및 표현을 학습해 보세요.

Even if**

'(비록) ~일지라도'라는 뜻이에요. 보통 어떤 상황을 가정할 때 사용해요.

예문 You should be polite to everyone even if you'll never see them again.

　　모든 사람에게 예의를 갖춰야 해. 비록 네가 그 사람들을 다시 볼 일이 없을지라도.

Basically**

'기본적으로', '요컨대', '간단히 말해서'라는 뜻으로 내 의견이나 설명을 쉽고 간단하게 정리해서 말할 때 주로 사용해요.

To pick *something* up**

'어떤 것을 자연스럽게 깨우치다'라는 뜻이에요. 보통 습관이나 요령을 자연스럽게 익히는 걸 의미해요.

The gents*

'남자 화장실'을 뜻해요. 'toilet'보다 격식 있는 단어랍니다. '여자 화장실은 'the ladies' room'이라고 해요.

예문 Excuse me, where are the gents?

　　실례지만 여기 남자 화장실이 어디 있죠?

To cross paths with *someone**

'우연히 누군가를 만나다'라는 뜻이에요.

✳ 오늘 배운 표현을 활용하여 아래 문장들을 말해 보세요.

Even if

1. 비록 내가 공부를 한다 해도 내일 시험은 실패할 거야.
   (studied, I'd, fail, the exam)

2. 비록 지금 컨디션이 안 좋더라도 최선을 다해!
   (are, not, feeling well, try, your, best)

3. 그 가방이 정말 저렴하더라도 난 안 살 거야.
   (the bag, really cheap, won't, buy)

Basically

4. 간단히 말하면 나 IT 회사에서 일해.
   (work, in, IT)

5. 간단히 말해서, 난 동의해.
   (agree)

6. 기본적으로, 난 그냥 게을러.
   (just, lazy)

정답

1. Even if I studied, I'd fail the exam tomorrow.
2. Even if you are not feeling well, try your best.
3. Even if the bag is really cheap, I won't buy it.
4. Basically, I work in IT.
5. Basically, I agree.
6. Basically, I'm just lazy.

❄ 실제 영국인들의 대화를 통해서 생생한 영국식 영어를 체험해 보세요.

Stephanie   Yeah, that's a very good example. I suppose that also, yeah, when you're going into a building or into a room and you're the first one there, you always look back and kind of hold the door for the person behind you as well.

Joe   But then when somebody doesn't acknowledge that you have done it, then I get, you can be a little bit like, 'That was rude!'

Stephanie   And I suppose that Brits are quite diplomatic as well. You know, in everyday life, they try to, yeah, not be so direct in telling you that perhaps they disagree with you or something like that, especially at work. Maybe they don't want to rock the boat.

Joe   Yep. Yeah. I think also, that is manifested in some other ways, right? Maybe, I don't know, like queueing, for example. It's just a very natural thing to form an orderly line, you know?

Stephanie   One of my bugbears, like one of my pet hates, is when I'm standing like, you know, trying to get off the train or... it could be anything, like a train or a lift, like getting out of a lift.

Joe   Okay, yeah.

Stephanie   And then there's like a crowd of people waiting to get on and they just start getting on before you've got off!

Joe   Oh my god. Yeah, that is such a common experience in some other countries, right?

116

Stephanie	맞아. 되게 좋은 예시다. 또 어딘가에 문 열고 들어갈 때면 뒤에 사람은 없는지 확인하고, 있다면 반드시 문을 잡아 줘야 해.
Joe	근데 문을 잡아 줬는데 고맙단 말없이 지나가면, '참 무례하네'라는 생각이 들지.
Stephanie	영국인들은 수완이 좋은 것 같기도 해. 평소에 상대방 생각에 동의하지 않거나 할 때 보통 직설적으로 얘기하진 않잖아. 특히 직장에선 더 그렇고. 아마 평온을 깨뜨리고 싶지 않아서 일 거야.
Joe	맞아. 그런 게 다른 여러 분야에서도 명백해진 것 같아. 음, 뭐랄까, 예를 들어, 줄 서는 것 말이야. 질서 정연하게 줄을 서는 게 당연시 여겨지니까.
Stephanie	음, 내 신경을 건드리는 것들 중 하나가 왜 기차나 엘리베이터 같은 데서 내리려고 할 때 있지.
Joe	맞아.
Stephanie	(문이 열렸는데) 사람들이 타려고 바글바글 서 있고, 내리기도 전인데 우르르 올라타는 거 진짜 싫어.
Joe	으악. 맞아. 다른 나라에서 자주 일어나는 일이지, 맞지?

✦ 영국에서 자주 쓰는 핵심 어휘 및 표현을 학습해 보세요.

Diplomatic★★

'Diplomatic'을 사람에게 쓰면 '외교적인', '공손하고 수완이 좋은'이라는 뜻이에요. 다른 사람들과 문제를 일으키지 않는 사람을 의미해요.

To rock the boat★

'평온을 깨뜨리다'라는 의미예요. 주로 다른 사람들을 화나게 하는 행위를 말하지만 가끔 긍정적인 변화를 위해 쓰이기도 해요.

To manifest *something*★★

여러 사람들이 쉽게 인지할 수 있도록 어떤 상황이나 문제를 '분명히 나타내다', '명백히 하다'라는 뜻이에요.

Bugbear

'골칫거리', '날 짜증 나게 하는 것'을 의미해요.

예문 Yawning without covering your mouth is my biggest bugbear.
사람들이 입 가리지 않고 하품하는 게 날 가장 짜증 나게 해.

Pet hate★

'Bugbear'와 비슷한 단어예요. '개인적으로 아주 싫어하는 것'이라는 의미입니다.

예문 He never stops talking. It's one of my pet hates!
그는 끊임없이 말을 해. 내가 질색하는 것들 중 하나야.

🏴󠁧󠁢󠁥󠁮󠁧󠁿 오늘 배운 표현을 활용하여 아래 문장들을 말해 보세요.

Diplomatic

1. 선생님들은 꼭 수완이 좋아야 해.
   (teachers, must, be)

2. 난 회사에서 수완이 좋은 사람으로 보이고 싶어.
   (want to, look, at work)

3. 난 외교적인 사람이 되고 싶어.
   (want to, become, a, person)

To rock the boat

4. 평온을 깨뜨리지 마 (불화를 일으키지 마).
   (don't)

5. 그녀는 정치 얘기를 함으로써 평온을 깨뜨리는 걸 원치 않았어.
   (didn't, want to, by talking, about, politics)

6. 미안해. 불화를 일으킬 의도는 아니었어.
   (sorry, didn't, mean to)

정답

1. Teachers must be diplomatic.
2. I want to look diplomatic at work.
3. I want to become a diplomatic person.
4. Don't rock the boat.
5. She didn't want to rock the boat by talking about politics.
6. I'm sorry. I didn't mean to rock the boat.

✤ 실제 영국인들의 대화를 통해서 생생한 영국식 영어를 체험해 보세요.

Stephanie Yeah. I've had students sometimes come up to me with an email from their workplace if they're working in the UK. And they'll kind of show me this email and say to me, 'So is this person saying "yes" to me or "no"?' The writer may have been so diplomatic, that you have to read between the lines to kind of understand whether they've actually agreed with you or not.

Joe The level of formality tends to go up when it is slightly less direct, you know, we talk about passive voice and things like that, and removing actors: 'he did it' or 'she did it,' or 'it was done.'

Stephanie Definitely. Um, I mean, Brits always try to save face by being less direct. By also, making things seems like it's their fault when perhaps it's not. And also something I think worth mentioning is that when we meet new people, when we meet new acquaintances, we don't normally, kind of, ask them too much personal information at first, do we?

Joe There's no rush. So what things would you not include?

Stephanie I wouldn't ask them directly, 'How old are you?', 'How much do you earn?' or 'Are you married?', you know, stuff like that.

Stephanie 맞아. 또 영국에서 일하고 있는 내 학생들이 업무 관련 이메일을 가지고 온 적이 몇 번 있어. 이메일을 보여 주면서 '이 사람이 좋다고 말하는 거예요 아니면 싫다는 거예요?' 하고 물어보더라고. 그 사람이 너무 간접적으로 썼던 것 같아. 그래서 글의 속뜻을 알아내야만 그들이 동의하는 건지 아닌지를 알 수 있더라고.

Joe 완곡하게 말할수록 격식을 차리는 것처럼 느껴져서 그런 것 같아. 왜, 수동태로 말하고, 대상을 모호하게 하는 그런 거 있잖아. '그가 그랬다', '그녀가 그랬다'는 말 대신에 '그렇게 됐다'고 표현하는 것처럼 말이야.

Stephanie 완전 맞아. 영국인들은 완곡하게 말함으로써 체면을 세우려고 하는 게 있지. 때로는 자기 잘못이 아닌데도 자기 잘못인 것처럼 보이게 되기도 하고. 그리고 또 하나 다뤄야 할 게 있는데, 처음 보는 사람들에게 너무 개인적인 질문은 잘 하지 않지, 그치?

Joe 급하게 물어볼 거 없지 뭐. 넌 어떤 종류의 질문을 하면 안 된다고 생각해?

Stephanie 몇 살인지, 얼마 버는지, 결혼했는지, 이런 것들은 직접적으로 물어보지 않지.

🇬🇧 영국에서 자주 쓰는 핵심 어휘 및 표현을 학습해 보세요.

Kind of***

'약간', '조금', '어느 정도'라는 뜻이에요. 문장 중간에 넣어서 말하면 자연스럽게 들립니다.

To read between the lines*

'글 혹은 말속의 숨은 뜻을 알아내다'라는 의미예요.

예문 He didn't mean that. Read between the lines.
그는 그런 뜻으로 말한 게 아니야. 숨은 의도를 잘 알아 봐.

I mean***

'내 말은 …'이라는 뜻으로 내 의견을 강조할 때나 방금 한 말을 다시 반복할 때 자주 사용해요.

To save face*

'체면을 지키다', '창피를 면하다'라는 의미예요.

Acquaintance**

'지인'을 뜻해요. 친구나 가까운 사이가 아닌 만나면 가볍게 인사하는 사람을 의미합니다.

연습 문제

❋ 오늘 배운 표현을 활용하여 아래 문장들을 말해 보세요.

Kind of

1. 나 약간 실수한 것 같아.
(made, a mistake)

2. 네가 어느 정도 맞는 것 같다.
(are, right)

3. 이거 약간 치즈 맛이 나네.
(this, tastes, like, cheese)

I mean

4. 내 말은, 나 여행 좋아하지 않아.
(don't, like, travelling)

5. 내 말은, 너 최선을 다해야 해.
(should, do, your best)

6. 내 말은, 우린 그걸 진지하게 생각할 필요가 있어.
(need to, take, it, seriously)

1. I kind of made a mistake.
2. You are kind of right.
3. This kind of tastes like cheese.
4. I mean I don't like travelling.
5. I mean you should do your best.
6. I mean we need to take it seriously.

🇬🇧 실제 영국인들의 대화를 통해서 생생한 영국식 영어를 체험해 보세요.

| Joe | Age, this is an interesting one. So, my cousin and my sister's boyfriend were living with me and so they must have been living together in the same house for about three months, and it was only until the birthday that my cousin found out how old my sister's boyfriend was. It probably just didn't come up, because it's not a question that's asked. |

Stephanie   I think that, you've got to be careful with women as well, like especially asking them how old they are.

Joe   That wouldn't go down well, I don't think.

Stephanie   Yeah. It's something that's frowned upon, I would say. So we've used a couple of like interesting words I think today, that maybe we could go back to.

Joe   So, we did talk about this idea of, like, 'reading between the lines.' Now, where do you think — what do you think that might mean?

Stephanie   So it would mean that you shouldn't, kind of, understand something at face value. So you shouldn't look at something and accept it as it is. You should try and kind of figure out the hidden meaning. Another good phrase might be to 'rock the boat.'

Joe	나이가 특히 재미있지. 나는 내 사촌이랑 여동생 남자 친구랑 같이 살고 있었어. 같은 집에서 산 지 3개월 정도가 됐는데도 내 여동생 남자 친구 나이가 몇 살인지 내 사촌이 아예 몰랐더라고. 생일 때 알았어. 잘 물어보지 않는 질문이니까 그 전에 언급되지 않았던 거 같아.
Stephanie	맞아. 특히 여자한테 나이 질문할 땐 정말 조심해야 해.
Joe	생각만 해도 아찔하다.
Stephanie	맞아. 눈살이 찌푸려질 만한 행동이지. 오늘 재미있는 단어가 몇 개 등장한 것 같은데 같이 살펴볼까?
Joe	아까 '글의 속뜻을 읽는다'고 했잖아. 무슨 뜻인지, 언제 쓰는지 설명해 줄래?
Stephanie	음, 보이는 대로 이해하면 안 된다는 뜻이야. 있는 그대로 받아들이는 게 아니라 숨겨진 속뜻을 알아내야 한다는 말이지. 또 'rock the boat'라는 유용한 표현도 있었어.

💠 영국에서 자주 쓰는 핵심 어휘 및 표현을 학습해 보세요.

To come up**

'언급되다'라는 뜻으로 대화에서 무언가가 자연스럽게 언급되는 것을 의미해요.

To go down well*

'성공적이다', '잘 받아들여지다'라는 의미로 보통 많은 사람들에게 환영받는다는 표현이에요.

예문 His comments did not go down well and he faced immense backlash online.
그의 의견은 잘 받아들여지지 않았고 온라인에서 엄청난 반발에 직면하게 됐지.

To be frowned upon*

'눈살이 찌푸려지다'라는 뜻으로 어떤 것이 무례하거나 부적절할 때 사용하는 표현이에요.

A couple of *something***

'두 개' 혹은 '세 개'를 뜻하는 표현으로 소량을 의미합니다. 실생활에선 사람에 따라 4개, 5개까지 a couple of로 말하는 경우가 종종 있어요.

예문 I should take a couple of days off.
나 며칠 쉬어야 할 것 같아.

To figure *something* out / to figure out *something***

'(생각 끝에) 어떤 것을 알아내다, 해결하다'라는 뜻이에요. 보통 누군가의 도움 없이 혼자 알아내는 걸 의미해요.

연습 문제

✳ 오늘 배운 표현을 활용하여 아래 문장들을 말해 보세요.

To be frowned upon

1. 레스토랑에서 담배 피우는 건 눈살 찌푸려지는 일이야.
   (smoking, in, a restaurant)

2. 정신 건강에 대해 얘기하는 것은 더 이상 눈살 찌푸려지는 일이 아니야.
   (talking, about, mental health, is, no longer)

3. 직장 동료 험담을 하는 건 눈살 찌푸려지는 일이야.
   (gossiping, about, colleagues)

To figure *something* out / to figure out *something*

4. 너희들 스스로 해결해!
   (it, yourselves)

5. 한나가 회사를 왜 그만뒀는지 난 알 수가 없어.
   (can't, why, Hannah, quit, her job)

6. 나 이거 해결하는 것 좀 도와줄래?
   (can, you, help, me, this)

정답

1. Smoking in a restaurant is frowned upon.
2. Talking about mental health is no longer frowned upon.
3. Gossiping about colleagues is frowned upon.
4. Figure it out yourselves!
5. I can't figure out why Hannah quit her job.
6. Can you help me figure this out?

Joe   Yeah, well, I suppose, I mean a lot of these are quite visual for me when we describe a lot of these kinds of expressions. And rocking the boat, well, if you're in a little boat with lots of people, then, actually, in a way, staying quite calm and still and not moving too much won't rock the boat and it won't put people in — either in danger or actually just, most often, I suppose, feeling uncomfortable or a bit worried.

Stephanie   Another good expression might be that something is 'frowned upon.' It's kind of the opposite of a smile, I suppose. So, if something is frowned upon, then it means that it's kind of not considered socially acceptable.

Joe   So yeah. Um yeah, I suppose we talked about social norms. It's less of a thing, but an 'unwritten rule' is just something that people know, right? I suppose.

Stephanie   Yeah, things that they've kind of just learnt over the years. And yeah, nobody really talks about it, but everybody knows that it exists.

Joe   I think yeah, we could wrap it up there. I hope you guys have understood now a little bit more and feel a bit more confident about how, maybe, to read between the lines sometimes if you find yourself in front of a British person. Toodle-oo!

Stephanie   Toodle-oo! Bye-bye!

Joe   Bye!

Joe	맞아. 우리가 쓰는 표현들 중 많은 것들이 꽤 시각적이네. 'rock the boat' 같은 경우 작은 배 안에 많은 사람들이 타고 있는 모습을 상상해 보면, 움직이지 말고 차분히 있어야 배가 흔들리지 않고 사람들이 위험하지 않잖아. 적어도 다른 사람을 걱정하게 하거나 불편하게 하진 말아야지.
Stephanie	'frowned upon'이라는 좋은 표현도 있었어. 'smile'의 정반대라고 보면 될 것 같아. 어떤 것에 눈살이 찌푸려진다는 건, 사회적으로 받아들여지기 어렵다는 뜻이지.
Joe	맞아. 음, 사회적 규범에 대해 이야기한 것 같네. 중요한 건 아닌데, 왜 '불문율'이라고도 하잖아. 다들 그냥 아는 그런 것들 말이야.
Stephanie	맞아. 시간이 지나며 배운 것들 말이지. 말하진 않지만 다들 아는 규범 같은 거지.
Joe	맞아. 자, 그럼 이만 마무리해 볼까? 청취자분들이 영국 에티켓에 대해 조금 더 이해하고, 영국 사람을 만난다면 그의 속뜻을 알아내는 데 자신감을 얻을 수 있으면 좋겠어요. 그럼 다음에 만나요!
Stephanie	다음 시간에 봐요! 안녕!
Joe	안녕!

🏴 영국에서 자주 쓰는 핵심 어휘 및 표현을 학습해 보세요.

The opposite of *something****

'어떤 것의 정반대'라는 뜻으로 어떤 것을 비교할 때 유용하게 사용할 수 있어요.

Socially acceptable**

'사회적으로 받아들여질 수 있는'이란 뜻으로 상식적인 선에서 괜찮은 것인지를 의미해요.

예문 I can't be bothered to change. Is it socially acceptable to go out wearing this?
옷 갈아입기 귀찮아. 이렇게 입고 나가도 사람들에게 욕먹지 않을까?

Um***

잠깐 생각할 때나 고민할 때 '음…'이라는 소리가 자연스럽게 나오죠. 그 소리를 뜻해요. 영국인들의 대화를 보면 '음…', '엄…'을 아주 쉽게 들을 수 있어요.

Less of a thing*

'a thing'이라고 하면 보통 일반적이고 인기 있는 것을 의미해요. 'Less of a thing'은 반대로 일반적이지 않고 크게 중요하지 않은 것을 뜻합니다.

Over the years*

'여러 해 동안', '세월이 지나며'라는 의미예요. 해가 지나면서 일어나는 변화 등을 설명할 때 많이 사용해요.

연습 문제

✳ 오늘 배운 표현을 활용하여 아래 문장들을 말해 보세요.

The opposite of *something*

1. 그녀의 성격은 나랑 정반대야.
(her personality, is, mine)

2. 왼쪽은 오른쪽의 반대야.
(left, is, right)

3. 게으름의 반대가 뭐야?
(what, is, laziness)

Over the years

4. 수년간, 그는 전 세계에서 일을 했다.
(he, has worked, around, the world)

5. 그녀는 해가 갈수록 더 건강이 안 좋아졌다.
(she, got, sicker)

6. 해가 지나면서 난 그녀를 점점 더 사랑하게 되었다.
(have grown, to, love)

정답

1. Her personality is the opposite of mine.
2. Left is the opposite of right.
3. What is the opposite of laziness?
4. Over the years, he has worked around the world.
5. She got sicker over the years.
6. Over the years, I have grown to love her.

영국 사람들은 정말 매너가 좋을까?

영화 <킹스맨>을 보면 콜린 퍼스가 오래된 펍(pub)에서 다음과 같은 명대사를 날리죠.
'Manners maketh man(매너가 사람을 만든다)'
그래서 그런지 영국에 살면 기본 에티켓을 중요하게 여기는 사람들을 쉽게 볼 수 있어요.
영국의 대표적인 매너, 어떤 게 있을까요?

먼저 'Thank you'와 'Sorry'를 하루에도 수십 번씩 말한답니다. 옷깃만 스쳐도 'Sorry'가
나오고 레스토랑에서 음료 혹은 음식을 받을 때마다 웃으며 'Thank you'라고 해요.

또 다른 유명한 에티켓으로 문 잡아 주기가 있어요. 어떤 곳에 문을 열고 들어가는데 내 뒤
에 사람이 있으면 쉽게 들어올 수 있도록 문을 잡아 줘요. 만약 다른 사람이 나를 위해 문을
잡아 줬다면 꼭 'Thank you'라고 고마움을 표시해야 해요. 그냥 지나간다면 아마 문을 잡
아 준 사람이 조용히 'You're welcome'이라고 말할 수도 있어요. 직역하면 '천만에요'이

지만 '고맙다는 소리도 안 하니?'라며 비꼬아 말할 때 쓸 수 있는 재미있는 표현이랍니다.

줄 서기 문화도 유명해요. 지하철, 버스는 물론 길거리 핫도그 파는 곳까지 질서 정연하게 한 줄로 서서 느긋하게 자기 차례를 기다린답니다. 그래서 '줄을 서고 있는 중이에요?'라는 표현인 'Are you in the queue?'를 정말 많이 써요. 실수로 줄을 잘못 섰다면 'Sorry'라고 말한 후 맨 뒤로 가면 된답니다. 다른 사람을 위한 존중과 배려가 습관이 된 영국, 정말 좋은 에티켓 문화를 가지고 있는 것 같아요.

UNIT 06 British Weddings

영국의 결혼식

🏴󠁧󠁢󠁥󠁮󠁧󠁿 실제 영국인들의 대화를 통해서 생생한 영국식 영어를 체험해 보세요.

Joe

Hey, good morning, Steph, how are you?

Stephanie

Morning! I am fine, thank you. I'm happy it's Friday! How about you?

Joe

Yeah, yeah, thank goodness it's Friday. Yeah, no, I'm doing very well. I thought we could maybe talk about weddings this time.

Stephanie

So yeah, let's talk about... in the UK, most of the time, you have the ceremony. Either, like, a civil ceremony or it could be a religious ceremony, depending on the couple, I guess. Um... and then straight after the ceremony, we have a reception. So, that would involve dinner or lunch all together... speeches as well are quite traditional.

Joe

Yep, important part of it. Right, well, yeah, I suppose, like, definitely the best man would get one.

Stephanie

Yeah, but there are some lovely traditions that we have. I think one of my favourite ones is the first dance at a reception.

Joe

Okay, yeah. Lovely. So that's one where, after, I suppose, after all of the speeches and the food and the drinks, I suppose, during the drinks, the newlyweds will have their first dance together. And usually, I suppose it would be to, like, their song, you know?

134

Joe	좋은 아침이야 스테프, 잘 지내?
Stephanie	좋은 아침! 난 잘 지내, 고마워. 금요일이라 너무 좋아. 너는 어때?
Joe	맞아, 금요일이라 정말 다행이야. 나도 아주 잘 지내고 있어. 오늘은 결혼식에 대해 한 번 얘기해 볼까?
Stephanie	좋아. 영국에선 대부분 결혼식을 해. 커플마다 다른데 간략한 식을 올리기도 하고 종교적인 결혼식을 치르기도 하지. 보통 식이 끝나자마자 피로연이 있는데 같이 점심이나 저녁을 먹는 시간이야. 보통 축하 연설까지 전통적인 식에 포함되지.
Joe	맞아. (축하 연설도) 중요한 부분이지. 음, 보통 신랑과 제일 친한 들러리가 하잖아.
Stephanie	응. (결혼식엔) 정말 좋은 전통들도 많지. 내가 가장 좋아하는 전통 중 하나는 피로연에서 추는 'first dance'야.
Joe	아, 맞아. 정말 좋지. 그게 보통 연설과 식사를 다 마치고 술을 마실 때쯤이지? 그때 이제 막 결혼한 신랑, 신부가 나와 그들의 첫 춤을 추잖아. 노래는 둘이 고른 노래로 하는 것 같아.

🇬🇧 영국에서 자주 쓰는 핵심 어휘 및 표현을 학습해 보세요.

Thank goodness*

'정말 다행이다', '세상에, 감사합니다'라는 의미로 '감사할 일, 다행인 일이 있거나 내가 운이 좋다고 생각할 때 쓰는 감탄사예요. 종교적으로 민감한 이슈가 될 수 있어서 God 대신 Goodness를 쓰는 경향이 있어요.

Most of the time**

'대부분의 경우'라는 뜻이에요. 문맥에 따라 조금씩 다르지만 주로 90% 이상의 경우 most of the time 을 사용해요.

Straight after *something***

'~ 이후 곧바로'라는 뜻이에요. 다양한 상황에 쓰일 수 있어 자연스러운 회화에 도움이 많이 됩니다.

Best man**

신랑의 '결혼식 들러리'를 의미해요. 보통 신랑의 가장 친한 친구나 친척이 이 역할을 맡아요. 결혼식장에서 신랑에 대해 연설도 하고 파티를 기획하는 등 식이 잘 진행되도록 도와주는 사람을 말해요.

Newlyweds*

'신혼부부'라는 뜻이에요. 단수로 'newlywed'는 새롭게 결혼한 사람(신랑 혹은 신부)을 의미해요.

예문 The resort was filled with newlyweds, enjoying their honeymoon.
그 리조트는 신혼여행을 즐기는 신혼부부들로 가득했다.

❄ 오늘 배운 표현을 활용하여 아래 문장들을 말해 보세요.

Most of the time

1. 대부분의 경우 난 무슨 일이 일어나고 있는지 모른다.
   (don't, know, what, is, going on)

2. 우리 어머니는 거의 항상 전화를 받지 않아.
   (my mother, doesn't, answer, her phone)

3. 그들은 거의 항상 행복한 것 같이 보여.
   (it, seems, that, are, happy)

Straight after *something*

4. 난 그 영화 끝나자마자 바로 자러 갈 거야.
   (going to, bed, the film)

5. 수업 끝나자마자 바로 집으로 와.
   (come, home, the class)

6. 일 끝나면 바로 나한테 전화해.
   (call, me, work)

정답

1. Most of the time, I don't know what is going on.
2. My mother doesn't answer her phone most of the time.
3. It seems that they are happy most of the time.
4. I'm going to bed straight after the film.
5. Come home straight after the class.
6. Call me straight after work.

🇬🇧 실제 영국인들의 대화를 통해서 생생한 영국식 영어를 체험해 보세요.

Stephanie   Yeah, some people even, like, choreograph their own special first dance before the wedding and learn like a proper dance. Some people prefer to be a bit more traditional with weddings, you know, like, have the big white dress, for example, for the bride. Obviously, the groom is not allowed to see the bride in her dress before the wedding day.

Joe   They're kept apart, aren't they?

Stephanie   Yeah, I think it's bad luck for him to see her in her wedding dress.

Joe   Oh, yeah. No, that's very important, basically, until they see each other, until they're — until she walks down the aisle, right?

Stephanie   Walks down the aisle and they exchange vows. So they say, 'I do,' basically.

Joe   Ah, and then there's that weird moment! The person who is marrying the two asks the witnesses if they have any reason why the wedding shouldn't happen. There's like this tense moment of, is someone going to ruin this wedding? I think you always look at people like, 'Is someone going to say something?'

Stephanie   Yeah, totally! I've never been to a wedding when... where anyone said anything. But I have heard of people getting cold feet before the wedding.

Stephanie	맞아. 결혼식 전에 first dance 안무까지 준비해서 제대로 된 춤을 배우는 사람들도 있어. 어떤 사람들은 조금 더 전통적인 결혼식을 선호하기도 하지. 신부가 크고 하얀 드레스를 입는 것처럼. 확실한 건, 결혼식 전엔 신랑이 드레스를 입고 있는 신부를 못 보게 되어 있다는 거야.
Joe	보통 신랑 신부가 (결혼 전에) 서로 떨어져 있지, 그치?
Stephanie	응, 신랑이 웨딩드레스를 입고 있는 신부를 보면 불운을 불러온다고 해.
Joe	오, 맞아. 굉장히 중요하게 생각하는 전통이야. 신부가 입장할 때까지 보지 않는 거, 맞지?
Stephanie	(신부가) 입장하고 혼인 서약을 하지. 보통 '맹세합니다'라고 말하잖아.
Joe	아, 그리고 이상한 순간도 있어. 주례 서는 분이 하객들한테 이 결혼식이 성사되지 말아야 할 이유가 있냐고 물어보는 것이지. 뭔가 긴장되는 순간인 것 같아. 과연 이 결혼식을 망치려는 사람이 있을까하는 거지. 항상 사람들을 보게 되잖아. '누군가 뭐라고 말을 할까?'라고 생각하면서.
Stephanie	맞아. 내가 간 결혼식 중에 이의 제기가 있었던 적은 없었어. 하지만 결혼 전에 겁을 먹은 경우에 대해선 들어 봤지.

🎌 영국에서 자주 쓰는 핵심 어휘 및 표현을 학습해 보세요.

Proper / Properly***

'proper'는 '제대로 된', 'properly'는 '제대로'라는 뜻이에요. 어설프지 않고 정말 제대로 된 것을 표현할 때 자주 사용해요.

Obviously***

'명백히', '확실히'라는 의미로 누가 보아도 명확한 것을 얘기할 때 사용해요.

To walk down the aisle*

'결혼하다', '결혼식을 올리다'라는 뜻으로 신부가 아버지와 함께 신랑을 향해 걸어가는 모습에서 유래한 표현이에요.

To exchange vows*

'혼인 서약을 하다'라는 뜻이에요. 신랑, 신부가 결혼식에서 서로를 평생 사랑하겠다고 서약하는 모습을 의미합니다.

To get cold feet*

'겁먹다', '주눅이 들다'라는 뜻이에요. 보통 계획했던 일을 하기 전 갑자기 걱정되고 겁을 먹게 되는 상황에 사용하는 표현입니다.

❈ 오늘 배운 표현을 활용하여 아래 문장들을 말해 보세요.

Proper / Properly

1. 이거 제대로 된 한국 음식이야?
   (is, this, Korean, food)

2. 사과할 계획이면 제대로 해.
   (if, you're, going to, apologise, do, it)

3. 제대로 대답해!
   (answer, me)

Obviously

4. 그는 분명히 아팠어.
   (he, was, ill)

5. 그녀는 널 보고 싶지 않은 게 확실해.
   (she, doesn't, want to, see)

6. 그들은 분명히 그녀를 알고 있었어.
   (they, knew, her)

정답

1. Is this proper Korean food?
2. If you're going to apologise, do it properly.
3. Answer me properly!
4. He was obviously ill.
5. Obviously, she doesn't want to see you.
6. Obviously, they knew her.

British Weddings 영국의 결혼식

🏴 실제 영국인들의 대화를 통해서 생생한 영국식 영어를 체험해 보세요.

Joe　　Ah yes, cold feet. Yeah, fair enough. I mean, I think it's a huge decision. Then at some point, the bride will throw a bouquet of flowers, right? What happens after that?

Stephanie　　Well, the tradition is that the bride throws her bouquet of flowers, like, over her shoulder and all the ladies at the wedding rush to try and catch it. And the first lady to catch it — this means that she's going to be the next person to get married. That's the, like, kind of superstition, I suppose. I guess, also, an important moment is when the couple cut the cake. Sometimes it, kind of, has lots of layers, like two, three. Well, we call them tiers actually.

Joe　　Are they tiers? Okay. Extravagant!

Stephanie　　Yeah! I love cake. I'm never going to say no to ten tiers!

Joe　　No, no, no, the more the merrier.

Stephanie　　The more the merrier, yeah! So, the bride and groom cut the cake together, like, they hold the knife together. And obviously, photos are taken, everyone gathers around and celebrates, maybe with a glass of bubbly.

Joe　　But before all of that, the couples will both go on their own dos, won't they?

Stephanie　　Yeah. Yeah, so they'll have like a kind of party, I guess, so we call these like hen and stag dos. I remember my cousin's hen do. We went to a bar in Covent Garden in London, all dressed up and kind of went out, had some food, lots of drinks, lots of cocktails, danced all night.

Joe	아, 맞다. cold feet(두려움), 충분히 그럴 수 있어. 내 말은, 아주 큰 결정이잖아. 그리고 어느 순간에 신부가 꽃다발(부케)을 던지잖아? 그다음엔 어떻게 되지?
Stephanie	음, 전통적으로 신부가 부케를 어깨 너머로 던지면 결혼식에 참석한 모든 여자들이 서로 먼저 그걸 잡으려고 해. 부케를 처음 잡은 사람이 그다음에 결혼하게 된다는 거지. 일종의 미신이야. 아, 또 신랑 신부가 케이크를 자르는 순간이 중요한 것 같아. 어떨 땐 2층, 3층 등 여러 층이 있는 케이크도 있어. 층은 '단'이라고 불리지.
Joe	아, 그걸 단이라고 해? 엄청나네!
Stephanie	응. 난 케이크를 너무 좋아하니까 10단 케이크도 환영이야!
Joe	당연하지. 많을수록 좋지.
Stephanie	많을수록 좋지, 그럼! 아무튼 그래서 케이크를 자를 때는 신랑 신부가 칼을 함께 잡고 잘라. 물론 하객들은 모여서 사진을 찍고 샴페인 한잔하며 축하하지.
Joe	아, 그전에, 보통 그런 것들 하기 전에 커플들 각자의 '두(do)'가 있잖아?
Stephanie	맞아. 일종의 파티 같은 거지. 각각 'hen do(처녀 파티)', 'stag do(총각 파티)'라고 불러. 내 사촌의 'hen do'가 기억난다. 런던 코벤트 가든에 있는 바에 갔었어. 다들 한껏 꾸미고 나가서 밥도 먹고, 술이나 칵테일도 많이 마시고 밤새 춤도 췄거든.

143

영국에서 자주 쓰는 핵심 어휘 및 표현을 학습해 보세요.

Fair enough***

상대방의 제안이나 의견에 대한 표현으로 '그래', '알겠어', '괜찮네' 등 다양한 의미가 있어요. 격하게 공감하는 게 아닌 무덤덤한 대답으로 영국인이 굉장히 좋아하는 표현입니다.

At some point**

'어느 시점에', '언젠가'라는 뜻으로 과거 또는 미래 어떤 시점을 묘사할 때 쓸 수 있어요. 과거를 묘사할 땐 정확히 어떤 시점인지는 알지 못할 때 '그때쯤…'이라는 의미로 사용해요.

The more the merrier*

'많을수록 좋다'는 뜻이에요. 파티나 이벤트 등에 자주 쓰는 표현이랍니다.

예문 Bring your friends along too! The more the merrier!
너희 친구들도 데려와! 사람은 많을수록 좋지!

To dress up**

'차려입다'라는 뜻으로 공식적인 자리의 정장부터 파티 코스튬까지, 신경 써서 입는 상황에 사용하는 구동사예요.

All night**

'밤새도록'이라는 뜻으로 밤샘 공부, 업무, 밤새도록 술 마시기 등 다양한 상황에 쓸 수 있어요. 공부나 업무를 밤새워서 할 때는 'to pull an all-nighter'라는 표현도 사용해요.

✻ 오늘 배운 표현을 활용하여 아래 문장들을 말해 보세요.

Fair enough

1. 괜찮은 것처럼 들리네.
(that, sounds)

2. A: 난 매운 음식이 싫어!   B: 그래, 알겠어.
(I, hate, spicy food, okay)

3. A: 톰은 오늘 여기 안 올 거야   B: 그래.
(Tom, won't, be, here, today)

At some point

4. 나 오늘 어느 시점에 열쇠를 잃어버린 것 같아.
(lost, my keys, today)

5. 우린 모두 언젠가 죽을 수밖에 없어.
(all, have to, die)

6. 언젠가, 우린 위험을 감수해야 해.
(have to, take, risks)

정답

1. That sounds fair enough.
2. A: I hate spicy food!
   B: Okay, fair enough.
3. A: Tom won't be here today.
   B: Fair enough.

4. I lost my keys at some point today.
5. We all have to die at some point.
6. At some point, we have to take risks.

🇬🇧 실제 영국인들의 대화를 통해서 생생한 영국식 영어를 체험해 보세요.

Joe   That's nice.

Stephanie   And we drank through straws with a penis on.

Joe   Okay. Yeah, I've heard about things like that.

Stephanie   Yeah. I'm not really into that sort of thing, but I doubt that men do anything like that, right?

Joe   Well, I mean, I think they definitely will dress up, but...

Stephanie   Like, in a funny costume?

Joe   Yeah, yeah. And just before the wedding, you need a few different items, right, as well. Where you need to get something old, you need something new, you need something borrowed, and you need something blue. Basically, it's good luck to have all of these things, and it will set you off and set you up nicely for your life together.

Stephanie   Exactly, yes. Okay, well, shall we go back to the words, some of the words that we looked at? Maybe explain them a little further? We've got the bride and the groom. So the bride is the female, and the groom is the male. Other important people, the best man is usually the best friend of the groom or maybe a relative. So, they kind of help the groom on the wedding day, carry the ring and organise some stuff.

Joe	좋다.
Stephanie	그리고 거시기 모양이 달려 있는 빨대로 술도 마셨어.
Joe	아, 맞아. 그런 게 있다는 얘기를 들었어.
Stephanie	응. 그런 거 별로 좋아하진 않지만 뭐. 남자들은 그런 거 안 할 것 같아, 그렇지?
Joe	음, 뭐랄까, 확실히 차려입기는 하지만.
Stephanie	웃긴 복장 같은 걸로?
Joe	응. 그리고 결혼식 직전에 필요한 물건들이 있잖아. 오래된 것 하나, 새로운 것 하나, 빌린 것 하나, 파란색인 물건 하나가 필요하지. 기본적으로 그것들이 행운을 불러온다고 하고 함께 하는 삶을 좋게 시작하도록 해 준다는 거지.
Stephanie	맞아, 그렇지. 그럼 우리가 썼던 단어 몇 개를 다시 볼까? 조금 더 자세히 설명해 줄래? 우선 당연히 'bride', 'groom'이라는 단어가 있었지. 'bride'는 신부, 'groom'은 신랑을 뜻해. 다른 중요한 사람들 중에 'best man'은 보통 신랑의 가장 친한 친구나 친척이 맡아. 신랑을 도와주는 역할로 결혼식 당일에 결혼반지를 가지고 다니거나 일을 도와주지.

핵심 어휘 및 표현

🇬🇧 영국에서 자주 쓰는 핵심 어휘 및 표현을 학습해 보세요.

To be into *something/someone***

어떤 것이나 사람에 아주 관심이 많은 상태를 의미해요. 종종 into 앞에 'really'를 넣어서 더 강조를 하기도 한답니다.

예문 I'm really into football.
> 난 요즘 축구에 빠져 살고 있어.

I doubt that *S + V* ***

'의심하다', '믿지 않다'라는 뜻으로 doubt 뒤에 명사가 오기도 하고 본문처럼 주어 + 동사가 오기도 해요.

Right?***

'맞지?', '그렇지?'라는 뜻으로 상대의 동의나 대화를 이끌어내는 역할을 해요.

Like***

'~처럼', '~같은'이라는 뜻으로 어떤 것에 보충 설명을 하거나 예시를 들 때 사용해요.

예문 Yeah. I'm from a small town which is, like, very old-fashioned and rural.
> 응. 난 정말 작은 마을에서 왔어. 굉장히 오래된 시골 같은 곳이야.

Further**

'더', '그 이상'이라는 뜻으로 추가적인 행동이나 행위를 암시하는 단어예요.

예문 Let's discuss this matter further next time.
> 다음 시간에 이 건에 대해 조금 더 논의해 보자.

✣ 오늘 배운 표현을 활용하여 아래 문장들을 말해 보세요.

I doubt that S + V

1. 지금 영업하는 가게가 하나도 없을 거야.
   (any shops, are, open, now)

2. 아무도 날 도와줄 것 같지 않아.
   (anyone, would, help)

3. 그녀가 날 좋아한다고 생각하지 않아.
   (she, likes, me)

Right?

4. 모두들 전에 소주 마셔봤지, 그치?
   (everyone, has, tried, *soju*, before)

5. 네가 알리슨이지, 그렇지?
   (you're, Alison)

6. 기한이 11월 22일이지, 그렇지?
   (the deadline, the 22nd, of, November)

정답

1. I doubt that any shops are open now.
2. I doubt that anyone would help me.
3. I doubt that she likes me.
4. Everyone has tried *soju* before, right?
5. You're Alison, right?
6. The deadline is the 22nd of November, right?

🏴 실제 영국인들의 대화를 통해서 생생한 영국식 영어를 체험해 보세요.

Joe	In a similar way, so there'll be bridesmaids who will be people who help the bride and then there might be the equivalent of the best man.
Stephanie	Yeah, yeah, it's the maid of honour. And then we have obviously the 'ceremony,' and in the ceremony, they 'exchange vows.' A vow is like a very serious promise. And then we also had 'get cold feet'; that was a nice idiom. How would you explain 'get cold feet?'
Joe	Yeah. It means to become nervous, to have doubts, or you could say second thoughts, to worry a little bit about the decision you're making.
Stephanie	Um… okay, I think that's all for today, right?
Joe	Yeah, I'm pretty sure.
Stephanie	Well, have a lovely weekend.
Joe	Oh, yep. Thank you very much. You as well, please. We'll speak soon.
Stephanie	Yeah, and we'll speak next week, take care.
Joe	Bye-bye.

Joe	비슷한 걸로 'bridesmaid'라고 신부를 도와주는 친구들이 있어. 그리고 'best man'과 같은 게 있었던 것 같은데…
Stephanie	맞아, 그건 'the maid of honour'라고 해. 그리고 'ceremony'도 있었고. 식을 할 때 'exchange vows'를 하지. 서약은 굉장히 진지한 약속과 같은 거야. 그리고 'get cold feet'이라는 좋은 숙어도 있었어. 이 숙어를 어떻게 설명할 수 있을까?
Joe	초조해지거나 의심이 생기는 걸 의미해. 네가 내린 결정에 대해 약간 걱정이 되거나 다시 생각해 보게 된다는 거지.
Stephanie	맞아. 좋아, 오늘은 여기서 마무리하면 되겠다, 그렇지?
Joe	그래, 그런 것 같네.
Stephanie	그럼 멋진 주말 보내.
Joe	아, 그래. 정말 고마워. 너도. 곧 또 얘기하자.
Stephanie	그래, 다음 주에 보자. 잘 지내.
Joe	안녕.

🇬🇧 영국에서 자주 쓰는 핵심 어휘 및 표현을 학습해 보세요.

In a similar way★★

'같은 방식으로'라는 뜻이에요. 주로 앞에 얘기했던 내용과 비교할 때 사용해요.

To be the equivalent of *something/someone*★★

'어떤 것/사람과 동등하다'라는 뜻으로 주로 가치, 역할, 목적 등이 같을 때 많이 사용해요.

Second thoughts★

'재고, 다시 생각함'이라는 뜻으로 보통 어떤 의견이나 결정에 대해 변화가 있을 때 쓰는 단어예요.

예문 I turned down the job offer immediately, but now I'm having second thoughts.
나 그 일자리 제의를 바로 거절했는데 지금은 (잘한 건지) 다시 생각 중이야.

That's all for today★

'오늘은 여기까지 하겠습니다'라는 표현으로 회의, 수업, 프레젠테이션, 강의 등을 끝낼 때 주로 사용해요.

Pretty sure★★★

'상당히 확신하는', '확실한'이란 뜻으로 영국인이 정말 자주 사용하는 표현이에요.

✳ 오늘 배운 표현을 활용하여 아래 문장들을 말해 보세요.

To be the equivalent of *something/someone*

1. 한국에서 손흥민은 영국의 데이비드 베컴과 같아.
   (Son Heung-min, in, Korea, David Beckham, in, the UK)

2. 요즘, 1유로가 1파운드랑 (가치가) 같아.
   (these days, 1 euro, 1 pound sterling)

3. 추석은 추수감사절과 같은 거야.
   (*Chuseok*, Thanksgiving Day)

Pretty sure

4. 나 택시에 지갑을 놓고 내린 게 거의 확실해.
   (I'm, left, my, wallet, in, the taxi)

5. 난 팀이 지금 맥주를 마시고 있다고 확신해.
   (I'm, Tim, is, drinking, beers, right now)

6. 그 버스 오전 11시에 떠나는 게 거의 확실해.
   (I'm, the bus, leaves, at, 11 am)

정답

1. Son Heung-min in Korea is the equivalent of David Beckham in the UK.
2. These days, 1 euro is the equivalent of 1 pound sterling.
3. *Chuseok* is the equivalent of Thanksgiving Day.
4. I'm pretty sure I left my wallet in the taxi.
5. I'm pretty sure Tim is drinking beers right now.
6. I'm pretty sure the bus leaves at 11 am.

하루 종일 춤추며 즐기는 영국 결혼식

영국의 결혼식 문화는 한국과 많이 달라요. 가족들과 정말 가까운 사람들만 초대해 소수 인원으로 식을 치르는 경우가 많아요. 아침 일찍 결혼 서약, 축하 연설로 시작해 밤늦게까지 술을 마시고 춤을 추며 결혼을 축하한답니다. 하객들이 결혼식에 술을 너무 많이 마셔서 영국 결혼식에 가려면 앞뒤 일정은 꼭 비워 놓아야 한다는 이야기도 있어요.

결혼식 장소도 특별해요. 고풍스러운 교회, 멋진 성, 오래된 저택, 탁 트인 바닷가 등 신부가 평소에 꿈꿔 왔던 장소에서 결혼식을 올리는 경우가 많아요. 이탈리아나 스페인 등 가까운

유럽 국가에서 식을 치르기도 해요. 지인들은 결혼식장까지 거리가 먼 경우, 보통 하루 전에 식장 근처에 숙박하며 미리 가볍게 파티를 즐긴답니다.

달라도 너무 다른 영국 결혼식 문화! 신랑, 신부 입장에선 준비할 것도 많고 부담스러울 수 있지만, 평소 꿈꾸던 장소에서 직접 계획한 결혼식을 사랑하는 사람들과 하루 종일 즐길 수 있다는 것 자체가 너무 낭만적인 것 같아요.

Office Culture
회사 문화

🏴 실제 영국인들의 대화를 통해서 생생한 영국식 영어를 체험해 보세요.

Stephanie Hi, Joe, how are you?

Joe Hey, Steph! Yeah, I'm doing very well, thank you. Enjoying the weather, enjoying the lovely weather!

Stephanie It is beautiful, isn't it, today?

Joe It is, yeah, it's gorgeous. I think, you know, it's times like this it's actually, it's quite a nice thing to be working from home.

Stephanie It's so much nicer than, kind of, working in an office, I guess, especially in this sort of weather. A lot of our students do work in offices and they, obviously, in lessons, they often talk about their work. There seem to be a couple of differences between the way we kind of handle workplace communication here in the UK in comparison to Korea. Is there anything that you have noticed?

Joe Well, I have one student who's mentioned before that they have colleagues that are not pulling their weight, for example, and they feel like they have to pick up the slack a little bit and they don't know how to address that to their boss. So here, I would say there's a good culture of being able to address things often. I think it's been encouraged more recently in offices to be able to communicate as often, and as clearly as possible.

Stephanie	안녕 조, 잘 지내?
Joe	안녕 스테파니! 응, 아주 잘 지내고 있어. 고마워. 한창 멋진 날씨를 즐기는 중이야.
Stephanie	오늘 날씨 진짜 좋지 않아?
Joe	진짜. 너무 좋다. 사실 이런 때일수록 재택근무를 하는 게 좋은 것 같아.
Stephanie	맞아. 특히 이런 날씨엔 사무실에서 일하는 것보다 (재택근무가) 훨씬 좋지. 우리 학생들 중에 사무실에서 일하는 분들도 많잖아. 그래서 수업 시간에 일 관련된 얘기를 종종 해. 한국과 비교했을 때 영국은 직장 내 커뮤니케이션 방식에 다른 점이 몇 개 있는 것 같아. 혹시 너도 그렇게 느꼈던 게 있었어?
Joe	음, 예를 들면, 예전에 한 학생이 얘기해 준 건데 직장 동료들이 각자 몫을 못해서 그분이 동료들 일까지 해야만 했다고 하더라고. 그리고 상사에게 그 얘기를 어떻게 해야 할지 모르겠대. 여기 영국에선 문제 해결을 할 수 있도록 좋은 문화가 조성되어 있는 것 같아. 특히 요즘 회사들이 커뮤니케이션을 최대한 자주, 분명하게 하는 걸 격려하고 있기도 하고 말이야.

핵심 어휘 및 표현

❊ 영국에서 자주 쓰는 핵심 어휘 및 표현을 학습해 보세요.

Lovely***

'좋은', '멋진'이라는 의미로 호감이 가는 것 혹은 사람에게 많이 사용하는 형용사예요. 영국인들이 특히 좋아하는 단어입니다.

To work from home**

'재택근무하다'라는 뜻이에요. 'work at home' 이 아닌 'work from home'이라는 것 유의하셔야 해요.

To pull one's weight*

'자신의 역할을 다하다'라는 의미예요. 주로 노력을 하지 않는 팀원에 대해 얘기할 때 많이 사용합니다.

예문 She made the PowerPoint alone because her team isn't pulling their weight.
그녀는 파워포인트를 혼자 만들었어. 그녀의 팀이 역할을 다하지 않았기 때문이야.

To pick up the slack*

'남은 일을 처리하다', '다른 사람 일을 처리하다'라는 뜻이에요. 보통 팀 멤버가 제 역할을 하지 않아 남게 된 일을 맡아서 처리할 때 사용해요.

To address something to someone**

'누군가에게 어떤 것에 대한 의견을 말하다'라는 의미예요.

예문 He addressed his concerns to the police.
그는 경찰에게 그의 걱정에 관해 얘기했다.

연습 문제

❊ 오늘 배운 표현을 활용하여 아래 문장들을 말해 보세요.

Lovely

1. 그 호텔은 정말 멋졌어.
   (the hotel, so)

2. 넌 예쁜 눈을 가졌어.
   (you, have, eyes)

3. 내 아내가 나에게 멋진 시계를 사줬어.
   (my wife, bought, me, a, watch)

To work from home

4. 우리 재택근무 시작했어.
   (we, have started, working)

5. 너 요즘 재택근무해?
   (do, you, these days)

6. 나 재택근무 좋아해.
   (love, working)

정답

1. The hotel was so lovely.
2. You have lovely eyes.
3. My wife bought me a lovely watch.
4. We have started working from home.
5. Do you work from home these days?
6. I love working from home.

UNIT 07 Office Culture 회사 문화

실제 영국인들의 대화를 통해서 생생한 영국식 영어를 체험해 보세요.

Stephanie You're right, probably more these days, now that communication and society are becoming a little bit more open, that we are encouraged to voice our opinion to management. So if we're unhappy with something in the workplace, or if we're having problems with someone, yeah, I would say that it's kind of encouraged to, kind of, say something about it rather than bottling it up.

Joe Yeah, I mean, so where we were working before was like an office, sort of sharing space, I suppose, with Britcent. And as you pick these things up, like these like water cooler conversations, you know, things where people are having a break, getting a coffee and discussing, gossiping, I suppose.

Stephanie Yeah, and you could also call someone an office gossip, right? Somebody who actually likes, loves to gossip all the time could be known as an office gossip, I guess.

Joe They would always be in the know, they'd be the ones to go to… because they have their ear to the ground.

Stephanie That's one of the stereotypes, I guess, in an office type workplace. You've got the office gossip. You've got maybe, the newbie, so somebody who is new to the job, I suppose.

Joe Learning the ropes, I suppose. Yeah.

Stephanie And maybe, I don't know if this is an office type stereotype, but basically, somebody who likes to work, like a lot, could be a workaholic. Someone who kind of does all the overtime and stuff like that, I suppose.

Stephanie	맞아. 특히 요즘은 더욱 그래. 사회나 의사소통이 더 개방적이 되면서 경영진에게 의견을 표출하는 걸 격려하고 있어. 우리가 직장 내에서 불만족스러운 일이 있거나 누군가와 문제가 있다면 여기선 감정을 억누르며 참는 것보다 터놓고 얘기하도록 격려해 주는 것 같아.
Joe	맞아. 우리가 예전에 일하던 곳은 브릿센트와 다른 회사들이 같이 쓰는 공유 오피스 같은 곳이었지. 거기서 잡담하는 걸 들으며 여러 가지 정보를 얻게 돼. 사람들이 잠깐 쉬면서 커피 마시고 수다 떨고 험담하는 것들 있잖아.
Stephanie	응, 그리고 누군가를 'office gossip'이라고 부를 수도 있어, 맞지? 항상 가십거리를 좋아하는 사람을 말할 때 쓰는 표현이잖아.
Joe	무슨 일이든지 항상 알고 있고 뭐든 물어볼 수 있는 사람이지. 상황 파악을 아주 잘하잖아.
Stephanie	사무직 회사에서 정형화된 유형 중 하나지. 오피스 가십이 있고. 또 다른 유형에는 아마 신참이 있지. 막 일을 시작한 신입 말이야.
Joe	일을 배우고 있는 사람이지.
Stephanie	이건 흔한 직장인 유형 중 하나인지 모르겠지만 워커홀릭이라고 일을 너무 좋아하는 사람도 있지. 항상 야근을 도맡아 하는 그런 사람 말이야.

핵심 어휘 및 표현

✳ 영국에서 자주 쓰는 핵심 어휘 및 표현을 학습해 보세요.

To voice *one*'s opinion**

'의견을 내다'라는 뜻으로 주로 공공연하게 의견을 낼 때 많이 사용해요.

To bottle *something* up**

'감정을 억누르다'라는 뜻이에요. 보통 다른 사람들에게 폐를 끼치거나 그들이 걱정할까 봐 자신의 감정을 억누르는 걸 의미해요.

Water cooler conversation/talk/chat*

보통 회사에서 동료들끼리 하는 '잡담'을 뜻해요. 사무실 직원들이 쉴 때 음료수 마시며 수다 떠는 것에서 유래한 단어예요.

Office gossip*

'Water cooler talk'와 비슷하게 사무실에서 주로 동료들과 하는 '재미있는 얘기'를 의미해요. 사생활, 험담을 포함한 비밀스러운 얘기들도 office gossip에 포함됩니다.

예문 Any office gossip to share?
　　 뭐 재미있는 얘기 좀 없어?

Newbie*

'신참', '초보자'라는 뜻이에요. 비격식 단어로 친근한 이미지를 주지만 말하는 사람의 톤에 따라 무시하는 단어가 될 수도 있습니다.

연습 문제

❇ 오늘 배운 표현을 활용하여 아래 문장들을 말해 보세요.

To voice *one*'s opinion

1. 그는 그의 의견을 말하는 걸 좋아하지 않아.
   (he, doesn't, like, to)

2. 소피는 그녀의 의견을 말하는 걸 무서워하지 않았어.
   (Sophie, wasn't, scared, to)

3. 난 회사 미팅에서 내 의견을 말하지 않는 경향이 있어.
   (tend, not to, in, company meetings)

Newbie

4. 어이 신참, 자네가 이제 차 담당이야.
   (hey, you're, now, on, tea duty)

5. 듣기에, 네가 여기 신참이라더라.
   (apparently, you, are, a, here)

6. 그는 정치에 있어선 초보자야.
   (he, is, a, to, politics)

정답

1. He doesn't like to voice his opinion.
2. Sophie wasn't scared to voice her opinion.
3. I tend not to voice my opinion in company meetings.
4. Hey, newbie, you're now on tea duty.
5. Apparently, you are a newbie here.
6. He is a newbie to politics.

🇬🇧 실제 영국인들의 대화를 통해서 생생한 영국식 영어를 체험해 보세요.

Joe	People who live to work, and they don't work to live.

Stephanie   Yeah, that's right, that's right.

Joe   So, we've mentioned a couple of uh… bits of vocabulary, a few expressions, and that would be very, like, typical in the workplace. Right? What were some of them?

Stephanie   Okay, so one of them was to voice your opinion, which basically means that you feel that you're able to express how you feel, openly, to whoever it is. And the opposite expression might be to bottle things up. What would you say that means?

Joe   I think, yeah, so to bottle things up, in general, we would say, is not a good thing to keep — to try to keep everything calm and quiet before, and not expressing yourself. We spoke about newbies, so new people who are joining a team. And learning the ropes is — so, when you're learning how everything works, when you're learning the things that you'll be doing, your position, the software, the technology that you'll be using and how things work.

Stephanie   That's right. I think that idiom comes from sailing, because obviously when you sail a boat, there's loads of ropes that you need to learn how to use, in order to sail. So if you imagine the ropes as all the different, kind of, tasks and systems that you need to learn when you start a new job. Um, we use this expression 'I need to learn the ropes' or 'I'm just learning the ropes.'

Joe	일하기 위해 사는 사람들이지. 살기 위해 일하는 게 아니라.

Stephanie	그치. 맞아.

Joe	오늘 직장에서 흔히 쓸 수 있는 단어나 표현들을 몇 개 얘기했잖아, 그치? 뭐가 있었더라?

Stephanie	하나는 'voice your opinion'이라는 표현이었어. 누구에게든 툭 터놓고 내 생각을 얘기할 수 있는 걸 말해. 그리고 그 반대 표현은 'bottle things up'이지. 이건 무슨 뜻이라고 할 수 있을까?

Joe	좋은 건 아닌데, 보통 자신의 생각을 표현하지 않고 항상 차분하고 조용히 있으려고 노력한다는 뜻이야. 또 'newbie'에 대해서도 얘기했지. 팀에 새로 들어온 신입들 말이야. 그리고 'learning the ropes'라는 표현은 새로운 일을 배우고 있을 때 쓰는 표현이야. 자기 포지션에 관한 업무, 소프트웨어나 관련 기술들을 어떻게 사용하고 그것들이 어떻게 작동되는지 익히는 걸 의미해.

Stephanie	그렇지. 그 숙어는 항해와 관련된 것 같아. 배를 타면 밧줄들이 엄청 많잖아. 항해하기 위해선 그 밧줄들을 어떻게 사용해야 하는지를 배워야 하고. 그래서 이 밧줄들이 새로 다니게 된 직장에서 배워야 하는 업무나 시스템 정도로 생각하면 될 것 같아. 보통 '난 일하는 법을 배워야 해' 아니면 '난 일을 배우는 중이야'라고 말하지.

🇬🇧 영국에서 자주 쓰는 핵심 어휘 및 표현을 학습해 보세요.

To live to work*

'일하기 위해 살다'라는 의미로 항상 일이 모든 것의 중심인 사람을 말해요. 이런 사람들을 열정적으로 보기도 하지만 일과 삶을 구분하지 못하는 사람으로 보기도 해요. 반대는 'to work to live'는 '살기 위해 일하다'라는 뜻이에요.

Typical***

'전형적인'이라는 뜻으로 쉽게 예상할 수 있는 것을 표현할 때 주로 사용해요.

예문 This is a typical house in the UK.
이건 영국의 전형적인 집이야.

In general***

'대체로', '일반적으로'라는 뜻이에요.

To learn the ropes*

'요령을 익히다'라는 뜻으로 주로 회사 신입사원에 대해 얘기할 때 사용해요. '기본적인 일을 배우다'라는 의미로 주로 사용해요.

예문 To be honest, I'm still learning the ropes.
솔직히 말해서, 나 아직도 일을 배우는 중이야.

How to V ***

주로 문장 중간에 위치하며 '~하는 방법'이라는 의미를 가져요. 굉장히 많이 쓰이는 표현이에요.

연습 문제

❇ 오늘 배운 표현을 활용하여 아래 문장들을 말해 보세요.

In general

1. 영국인은 대체로 친절하다.
   (British, people, kind)

2. 일반적으로 한국의 날씨는 꽤 좋다.
   (the weather, in, Korea, quite, good)

3. 대부분의 사람들은 대체로 9시부터 6시까지 일을 한다.
   (most, people, work, from, 9 am, to, 6 pm)

How to *V*

4. 난 축구하는 방법을 알고 싶어.
   (want to, know, play, football)

5. 나한테 영어 제대로 가르치는 방법 좀 알려 줘.
   (let, me, know, teach, English, properly)

6. 나 운전할 줄 몰라.
   (don't, know, drive)

정답

1. In general, British people are kind.
2. In general, the weather in Korea is quite good.
3. Most people, in general, work from 9 am to 6 pm.
4. I want to know how to play football.
5. Let me know how to teach English properly.
6. I don't know how to drive.

🎌 실제 영국인들의 대화를 통해서 생생한 영국식 영어를 체험해 보세요.

Joe　　There might be another one. I don't know if it's related to sailing or if it's related to climbing. There's definitely slack involved. But when somebody isn't doing as much work as they should be doing, and you need to do a little bit more work to make sure everything is working, you are picking up the slack. To pick up the slack means to work harder when somebody isn't working as much as they should be.

Stephanie　　That's a good one.

Joe　　And 'pulling their weight' as well. When somebody isn't pulling their weight, when somebody isn't doing as much as they should be doing, so they are not pulling their weight, you need to pick up the slack, you need to do extra to make sure the work is being done.

Stephanie　　And, a last one that we said that perhaps our listeners already knew was workaholic. And you can use '-holic' at the end to mean that somebody does this thing a lot. So, like shopaholic, chocoholic, alcoholic, but you can also say workaholic. Um, somebody who works too much, basically, or is addicted to their work. Okay. Well, I think that's all for today. Um, thanks for listening, guys.

Joe　　Well, Steph, have a fantastic rest of the week, a fantastic weekend.

Stephanie　　You too!

Joe　　I'll see you on the other side.

Joe	또 다른 단어도 있는 것 같아. 항해에 관련된 건지 등반에 관련된 건지 잘 모르겠지만 느슨함과 관련된 표현이야. 누군가 자기 몫의 일을 다 못할 때, 일이 제대로 되게 하려면 네가 조금 더 많이 일을 해야 하잖아. 그때 'slack(느슨함)'이라는 단어를 사용해. 'pick up the slack'은 다른 누군가가 자기 몫을 제대로 하지 않을 때, (그걸 메꾸려고 누군가가) 더 열심히 해야 하는 걸 의미하지.
Stephanie	아주 좋은 표현이네.
Joe	또 'pulling their weight'라는 표현도 있었어. 누군가 자기 몫을 제대로 못하고 있는 걸 의미해. 그 사람이 못한 일에 대해 뒷수습을 또 해야 하고 업무가 잘 마무리되기 위해선 추가적으로 일을 더 해야 하지.
Stephanie	그리고 마지막으로 아마 청취자분들도 아실 텐데 '워커홀릭'이라는 표현이 있었어. 단어 끝에 'holic'을 붙이면 무언가를 굉장히 많이 한다는 뜻이 돼. '쇼핑 중독자', '초콜릿 중독자', '술 중독자' 등이 있고 '일 중독자'가 있지. 일을 너무 많이 하거나 일에 중독된 사람을 말해. 좋아, 그럼 오늘은 여기까지 할게요. 청취자분들, 들어주셔서 감사해요.
Joe	스테프, 남은 한 주도 멋지게 보내. 멋진 주말 보내.
Stephanie	너도!
Joe	다음에 봐.

핵심 어휘 및 표현

❋ 영국에서 자주 쓰는 핵심 어휘 및 표현을 학습해 보세요.

I don't know if S + V ***

'~인지 (잘) 모르겠다'는 뜻으로 회화에 정말 유용하게 쓰여요.

예문 I don't know if you remember me.
네가 날 기억하는지 모르겠어.

To make sure that S + V ***

어떤 것을 '확실하게 하다'라는 뜻으로 지시를 내릴 때 종종 사용해요.

That's a good one **

'그거 좋네', '그거 재밌네'라는 뜻으로 보통 재미있는 농담을 들었을 때나 인상적인 질문, 예시, 의견이 나왔을 때 쓸 수 있는 표현이에요.

To be addicted to *something* **

어떤 것에 '중독되다'라는 뜻이에요. 알코올, 마약 등 중독성 있는 것들을 표현할 때 주로 사용해요. 스포츠, 드라마, 음식 등에 심취해 있는 모습을 표현할 때도 사용합니다.

예문 My boyfriend is addicted to football.
내 남자친구는 축구에 중독됐어.

Guys ***

'guys'는 보통 남녀 상관없이 통틀어 부를 때 사용해요. '얘들아' 혹은 '여러분'이라는 뜻이 있어요.

예문 Hey guys, welcome back to my YouTube channel!
안녕 여러분, 내 유튜브 채널에 다시 온 걸 환영해!

❖ 오늘 배운 표현을 활용하여 아래 문장들을 말해 보세요.

I don't know if S + V

1. 내가 나중에 너희들과 합류할 수 있을지 잘 모르겠어.
   (can, join, you, later)

2. 네가 내 이메일을 봤는지 모르겠다.
   (you've, seen, email)

3. 그녀가 나에게 진실을 말하고 있는 건지 모르겠어.
   (she's, telling, the truth)

To make sure that S + V

4. 너 오후 5시까지 공항에 꼭 도착해야 해.
   (arrive, at, the airport, by)

5. 떠나기 전에 문 꼭 잠그는 것 잊지 마!
   (lock, the door, before, leave)

6. 밥 꼭 잘 챙겨 먹어!
   (eat, well)

정답

1. I don't know if I can join you later.
2. I don't know if you've seen my email.
3. I don't know if she's telling me the truth.
4. Make sure that you arrive at the airport by 5 pm.
5. Make sure that you lock the door before you leave!
6. Make sure that you eat well!

영국의 자유로운 회사 문화

모든 회사가 그렇듯 영국도 회사마다 고유한 문화가 있고 구성원이 일하는 방식도 다 달라요. 그럼에도 불구하고 많은 회사가 공통적으로 가지고 있는 문화가 있는데 아마 자유로움이라는 단어로 설명이 될 것 같아요. 직책과 상관없이 서로 친근하게 이름을 부르고 상명하복이 아닌 상사에게 자기 의견을 자유롭게 이야기하는 문화가 정착되어 있어요. 물론 그 의견의 채택 여부는 상사에게 달려있지만요.

편안하고 자유로운 분위기 때문인지 회의 때 개인의 참여도가 높고 창의적인 아이디어도 많이 나오는 편이에요. 회의 시작부터 바로 안건에 대해 이야기하기보단 가볍게 안부를 묻고 이런저런 이야기를 하는 'small talk'를 먼저 하고 그 뒤에 일 이야기로 넘어가는 경우가 많아요.

또 많은 직장인들이 퇴근 후 마음 맞는 동료들과 맥주 한잔하며 업무 스트레스를 풀곤 해요. 특별히 바쁜 직업군이 아니면 대부분 오후 5시에 퇴근을 해서 펍(pub)에 잠깐 들렀다가 가족들과 저녁을 먹곤 해요. 회사 전체 회식 문화는 거의 없고 연말 크리스마스 파티나 회사 기념일 파티 때만 다 같이 모인답니다.

가끔 영국인 특유의 에둘러 말하는 문화 때문에 말하는 사람의 의도를 명확하게 파악할 수 없는 일도 있고 small talk가 너무 잦아 비효율적인 회의가 진행되기도 하지만 좋은 워라밸과 낮은 업무 스트레스를 생각하면 영국은 일하기 참 좋은 나라인 것 같아요.

UNIT 08 Exercise
운동

❄ 실제 영국인들의 대화를 통해서 생생한 영국식 영어를 체험해 보세요.

Stephanie So, hi, Joe! How are you today?

Joe Hey, Stephanie! Yes, I'm very well, thank you. How about you?

Stephanie I was very productive at the weekend. So, I did a lot of stuff, and I planned to kind of just chill out on the sofa, but ended up doing loads of errands. So yeah, feeling a little bit tired today. I need something to kind of energise myself. I've tried coffee.

Joe Well, yeah, it can… I mean, that can help. But, you know, I'm quite looking forward to getting back in the gym and getting into shape. Do you go to the gym, or did you?

Stephanie Um… I used to go to the gym. Yeah, quite a lot. Um, I've been a gym member for a long time, but then, a couple of years ago, I decided to buy some equipment myself. I don't mean anything kind of fancy; I literally just have a couple of sets of hand weights, like dumbbells and a mat, and I use those sometimes. Yeah. What about you?

Joe Well, here I just have a… like a pull-up bar, you can do push-ups and pull-ups and sit-ups at home, some squats maybe. But now I'd like to get on some machines, you know, and really push myself.

Stephanie So, are you a gym bunny*?

Joe I think at certain times in my life I have been. What about you? How would you describe yourself?

Stephanie	안녕, 조. 잘 지내?
Joe	안녕, 스테파니. 응, 아주 잘 지내, 고마워. 넌 어때?
Stephanie	난 아주 생산적인 주말을 보냈어. 이런저런 일을 꽤 많이 했거든. 원래 그냥 소파에 앉아서 편히 쉬려고 했는데 심부름 같은 걸 엄청 많이 했어. 그래서 오늘은 좀 피곤해. 에너지를 줄 뭔가가 필요해서 커피를 마셔 봤지.
Joe	음, 커피가 도움이 될 수 있지. 그거 알아? 난 다시 헬스클럽 가서 몸 만드는 걸 엄청 기대하고 있어. 넌 헬스클럽에 다녀? 아니면 예전에 다녔어?
Stephanie	음, 예전엔 다녔었지. 꽤 자주 다녔어. 아주 오랫동안 헬스클럽 회원이었다가 한 2년 전쯤 그냥 운동 기구를 사기로 결심했어. 엄청 멋진 건 아니고, 그냥 아령, 덤벨 몇 세트랑 매트 하나 두고 가끔씩 써. 너는 어때?
Joe	난 집에 홈트 철봉을 설치했어. 그걸로 집에서 팔 굽혀 펴기나 턱걸이, 윗몸 일으키기까지 할 수 있어. 아마 스쿼트도 할 수 있을 거야. 그런데 이젠 다른 운동 기구를 사용해서 나 자신을 밀어붙이며 운동하고 싶어.
Stephanie	넌 네가 헬스 마니아라고 생각해?
Joe	그랬던 적이 있었던 것 같아. 넌? 어떤 타입이라고 생각해?

*gym bunny 헬스 마니아

✤ 영국에서 자주 쓰는 핵심 어휘 및 표현을 학습해 보세요.

Productive***

'생산적인'이라는 뜻으로 사물과 사람에 다 사용할 수 있는 단어예요.

예문 I need to have a productive morning if I want to leave work on time.
제시간에 퇴근을 하고 싶다면 생산적인 아침을 보내야 해.

To chill out**

'편히 쉬다'라는 뜻으로 주로 힘든 일을 한 후에 편히 쉬는 모습을 의미해요.

예문 I spent the weekend chilling out with my mates in front of the TV.
난 주말에 친구들과 TV 보면서 편히 쉬었어.

To get into shape**

'운동과 식단을 통해 좋은 몸을 만들다'라는 뜻이에요. 건강한 몸을 만들고 싶을 때 사용하는 표현입니다.

Literally***

'문자 그대로', '말 그대로'라는 뜻으로 내가 전달하는 사실을 강조하고 싶을 때 사용해요. 강한 강조 때문에 과장으로 보이기도 합니다. 정말 자주 사용되는 표현이에요.

To push oneself**

'누군가를 몰아붙이다', '스스로 채찍질하다'라는 뜻이에요. 보통 더 열심히, 열정적으로 무언가를 할 수 있도록 스스로 동기 부여하는 상황을 의미해요.

✢ 오늘 배운 표현을 활용하여 아래 문장들을 말해 보세요.

Literally

1. 나 말 그대로 너한테 막 전화하려고 했어.
   (was, just, about to, call)

2. 나 말 그대로 울고 있어.
   (I'm, crying)

3. 나 말 그대로 돈이 하나도 없어.
   (have, no, money)

To push *oneself*

4. 난 항상 체육관에서 나 자신을 채찍질하려고 노력해.
   (always, try to, at, the gym)

5. 일 많이 하려고 너 자신을 너무 몰아붙이지 마.
   (stop, to work, so much)

6. 그녀는 마라톤 내내 그녀 자신을 채찍질했다.
   (she, throughout, the marathon)

정답

1. I was literally just about to call you.
2. I'm literally crying.
3. I literally have no money.
4. I always try to push myself at the gym.
5. Stop pushing yourself to work so much.
6. She pushed herself throughout the marathon.

🏴 실제 영국인들의 대화를 통해서 생생한 영국식 영어를 체험해 보세요.

Stephanie	I mean, I'm not really a big fan of exercise in general. If I could live healthily without exercising and look great, then I would. Some people are naturally blessed in that way. But in order to, you know, keep in shape and kind of everything like that, I have to exercise.
Joe	I probably am a little bit. I am quite lucky. I would say, I have quite a high metabolism.
Stephanie	Ahh, you're lucky, you're so lucky.
Joe	I'd prefer to be a bit more toned now than I am. I improve my diet when I have, like, a structure of going to the gym I like… just, I'm a bit more conscious of what I'll be doing.
Stephanie	For me, it's — the hardest part for me is to actually start the routine, like start the exercise. And then I delay it and delay it, keep postponing. And then when I finally do it, I feel like I've been given a new lease of life.
Joe	It's energising, yeah. Uh… for me, yeah, the biggest, the hardest part is getting out of my house, getting to the gym.
Stephanie	But one way to obviously motivate yourself is to go with someone else, right?
Joe	Okay, yeah. Yeah, I live with my cousin now and we both are very keen on doing it. So we're going to be each other's gym buddies.
Stephanie	Do you think that in the UK, people… do you think people are fit, generally? Do you think people like exercising?

Stephanie	난 운동을 그다지 좋아하는 편은 아냐. 만약 내가 운동 없이 건강한 몸을 가질 수 있다면 운동을 안 할 거야. 그런 면에서 보면 태어날 때부터 축복받은 사람들도 있잖아. 하지만 난 몸매나 건강을 유지하려면 운동을 꼭 해야 돼.
Joe	난 조금 운이 좋은 편인 것 같아. 난 신진대사가 아주 활발한 편이거든.
Stephanie	아, 좋겠다. 진짜 운이 좋네.
Joe	그렇지. 난 지금보다 좀 더 근육이 있었으면 좋겠어. 또 운동을 규칙적으로 하기 시작하면 식단도 나아지는 것 같아. 뭐든 좀 더 의식하게 된다고 해야 하나.
Stephanie	나에게 가장 힘든 건 운동을 실제로 시작하는 거야. 운동을 미루고 미루고 계속 미루게 돼. 그러다가 결국 운동을 하면 마치 새 사람이 된 것 같은 느낌이 들어.
Joe	에너지가 생기지, 그렇지. 나한테 있어서 제일 힘든 부분은 집에서 나와 헬스클럽에 가는 거야.
Stephanie	동기 부여하는 확실한 방법 중에 하나로 다른 사람이랑 같이 가는 게 있지, 그렇지?
Joe	맞아. 지금 내 사촌이랑 같이 살고 있는데 우리 둘 다 운동에 열정적이거든. 그래서 서로 헬스 짝꿍이 되어 줄까 해.
Stephanie	네 생각엔 보통 영국 사람들은 건강한 몸매를 가진 편인 것 같아? 운동을 좋아하는 사람들이 많을까?

179

❄ 영국에서 자주 쓰는 핵심 어휘 및 표현을 학습해 보세요.

A big fan of *something/someone*★★

'누군가 혹은 어떤 것을 정말 좋아하는 사람'이라는 뜻이에요. 열렬한 팬을 뜻하죠.

예문 Wow! It's so nice to meet you! I am a big fan of your work.

와우! 만나서 정말 반가워요! 전 당신 작품을 정말 좋아해요.

To keep in shape★★

'건강 혹은 건강한 몸을 유지하다'라는 뜻이에요. 누군가의 몸매가 좋아 보일 때 주로 사용해요.

예문 How do you keep in shape?

몸매 유지를 어떻게 하세요?

High metabolism★

'Metabolism'은 신진대사라는 뜻이에요. 여기에 'high'가 붙으면 신진대사가 아주 활발하다는 뜻이랍니다. 신진대사가 느린 건 'slow metabolism'이라고 해요.

To be conscious of *something*★★

'어떤 것이 일어나는 것을 의식/인지하다', '어떤 것을 잘 알고 있다'는 뜻이에요. 주로 걱정하고 있는 상태를 표현할 때 사용합니다.

To be keen on *something/V-ing* ★★

'정말 하고 싶은', '열정적인', '열망하는'이라는 의미예요. 어떤 것이나 행동에 정말 애정이 넘쳐서 열정적으로 하고 싶을 때 쓰는 표현입니다.

연습 문제

❋ 오늘 배운 표현을 활용하여 아래 문장들을 말해 보세요.

To be conscious of *something*

1. 난 내 몸무게에 대해 잘 알고 있어. (몸무게가 걱정스러운 경우)
   (I'm, very, my, weight)

2. 브라이언은 그의 어리석은 행동에 대해 인지하고 있어.
   (Brian, his, silly, behaviour)

3. 나는 그녀의 결점들을 인지하고 있어.
   (I'm, her, shortcomings)

To be keen on *something*/*V*-ing

4. 스테파니는 스키에 대한 열정이 대단해.
   (Stephanie, skiing)

5. 난 고양이는 그렇게 좋아하지 않아.
   (I'm, not, cats)

6. 잭은 영어 배우는 데 정말 열정적이야.
   (Jack, learning, English)

정답

1. I'm very conscious of my weight.
2. Brian is conscious of his silly behaviour.
3. I'm conscious of her shortcomings.
4. Stephanie is keen on skiing.
5. I'm not keen on cats.
6. Jack is keen on learning English.

🏴 실제 영국인들의 대화를 통해서 생생한 영국식 영어를 체험해 보세요.

Joe

From what I have heard recently, that… it's kind of going… both extremes are kind of going away from each other. So, the people who were fit are getting fitter, but maybe the people who haven't taken their fitness very seriously, they are getting less fit. So, it's kind of polarising a little bit.

Stephanie

Um, I don't know about you but I would probably think that in cities, like in London for example, that people are a bit more, kind of, conscious of being fit and staying trim and like they, kind of, might want to do that more than people who live in smaller towns or the countryside.

Joe

Well, yeah. I mean, I guess there are more people and maybe there is a little added pressure, or something like that, to get into shape.

Stephanie

Yeah. Um, so is the gym like your favourite form of exercise? Or, do you prefer other things?

Joe

I love playing football, personally. I'm quite competitive and so for me, like, I can really keep my cardio going all for hours if I'm chasing a football.

Stephanie

I like to kind of alternate, so sometimes do like a really strenuous workout, like a really intense one, and then maybe next time do something a little more like...

Joe

Less intense, yeah.

Stephanie

And of course, after… well, before every exercise, warming up is key, giving yourself time to cool down.

Joe

내가 최근에 들은 바로는 극과 극인 거 같아. 양극 차이가 더 심해지는 거지. 그러니까 예전부터 몸을 관리하던 사람들은 몸이 더 좋아지고 있고 운동을 별로 진지하게 생각하지 않던 사람들은 점점 몸이 안 좋아지고 있지. 그래서 약간 양극화가 되고 있다고 하더라고.

Stephanie

넌 어떻게 생각할지 모르겠는데 난 런던 같은 도시에 사는 사람들이 몸 관리하고 날씬한 몸매를 유지하는 데 좀 더 신경을 많이 쓰는 것 같아. 작은 도시나 시골에 사는 사람들보다 말이야.

Joe

음, 내 생각엔 도시에 사람들이 더 많기도 하고 좋은 몸매를 유지해야 한다는 부담이 약간 있는 것 같아.

Stephanie

그치. 그럼 넌 헬스클럽에서 운동하는 걸 제일 좋아해? 아니면 더 좋아하는 게 있어?

Joe

음, 난 개인적으로 축구하는 거 정말 좋아해. 승부욕이 꽤 있어서 축구공 쫓아다니다 보면 몇 시간 동안 유산소 운동을 할 수 있거든.

Stephanie

난 운동을 바꿔 가며 하는 걸 좋아해. 그래서 엄청 힘든 운동을 하면, 강도 높은 운동 같은 거, 그다음엔 조금 더...

Joe

덜 힘든 운동, 맞아.

Stephanie

그리고 당연히 모든 운동 전에는 워밍업이 정말 중요하지. 진정시키기에 충분한 시간을 두는 것도 말이야.

핵심 어휘 및 표현

🇬🇧 영국에서 자주 쓰는 핵심 어휘 및 표현을 학습해 보세요.

From what I've heard/I hear★★

'내가 알기로는', '내가 들은 바로는'이라는 뜻으로 어딘가에서 얻은 정보에 대해 얘기할 때 사용하는 표현이에요. 이전에 배운 'apparently'와 비슷한 의미예요.

To take *something* (very) seriously★★

'~에 대해 진지하게 (심각하게) 생각하다'라는 뜻이에요. 중요한 문제에 대해 얘기할 때 자주 쓰는 표현이에요.

To polarise★★

'양극화되다', '양극화를 초래하다'라는 뜻이에요.

예문 Brexit polarised public opinion.
브렉시트는 대중 의견의 양극화를 초래했다.

To stay trim★

'몸매를 유지하다'라는 뜻으로 주로 날씬한 몸매를 지칭해요. 'to keep in shape'과 비교했을 때 건강보다는 몸매에 더 초점이 맞춰진 표현입니다.

To alternate★★

'두 가지 이상의 행동 혹은 현상이 교대로 일어난다'는 뜻이에요.

예문 My wife and I alternate when it comes to cooking.
난 내 아내와 번갈아 가며 요리를 해.

연습 문제

❋ 오늘 배운 표현을 활용하여 아래 문장들을 말해 보세요.

From what I've heard/I hear

1. 내가 들었는데 그 브랜드는 값어치를 못한대.
   (the brand, not, worth, the money)

2. 내가 들은 바로는 대부분의 사람들이 크리스마스를 집에서 보낸대.
   (most people, spend, Christmas, at home)

3. 내가 알기론, 모든 것들이 잘 되고 있어.
   (everything, going, well)

To take *something* (very) seriously

4. 레이첼은 그녀의 일을 진지하게 여기지 않아.
   (Rachel, doesn't, her work)

5. 나 그 농담 심각하게 생각하지 않았어.
   (didn't, the joke)

6. 그는 그녀와의 관계를 진지하게 생각하기 시작했다.
   (has, started to, his relationship, with, her)

정답

1. From what I've heard, the brand is not worth the money.
2. From what I've heard, most people spend Christmas at home.
3. From what I hear, everything is going well.
4. Rachel doesn't take her work seriously.
5. I didn't take the joke seriously.
6. He has started to take his relationship with her seriously.

✤ 실제 영국인들의 대화를 통해서 생생한 영국식 영어를 체험해 보세요.

Joe	Yeah, I think if you don't warm up properly with stretches and things, you're far more likely to pull a muscle.
Stephanie	Well, shall we go back to some of the phrases that we looked at today?
Joe	Yeah.
Stephanie	Okay, so... well, we talked about being 'in shape.' What would you say it means if you say someone's 'in shape?'
Joe	It might be a slightly smaller belly or it might be like being slightly more toned, like in your arms or your legs. Your physique is more... prepared... better prepared for, like, physical activity, I guess.
Stephanie	Maybe after a period of not exercising or eating badly. Maybe they've put on weight, they've gained weight. So they try to get back in shape.
Joe	You can be 'out of shape.'
Stephanie	Unfit. Right. We also had an adjective, which was 'strenuous,' which basically means that something is very hard work. Very intense on the body. So, very tiring. Um... so, if you say that you did a strenuous workout, it means it was a very hard, hard workout.
Joe	High intensity, heart rate really going, and putting a lot of work in.

Joe	맞아. 만약 스트레칭 같은 준비 운동을 제대로 하지 않으면 근육을 다칠 가능성이 훨씬 더 높아.
Stephanie	그럼, 오늘 얘기했던 몇 가지 표현들을 다시 살펴볼까?
Joe	좋아.
Stephanie	우선 아까 'in shape'이라는 표현을 썼었지. 누군가 'in shape'이라는 게 무슨 뜻이야?
Joe	그게 뱃살이 많지 않다는 뜻이 될 수도 있고 팔다리에 전체적으로 더 근육이 있다는 걸 말하기도 해. 신체 활동에 도움이 되는 몸매를 가진다는 뜻이 될 수도 있어.
Stephanie	보통 운동을 오랫동안 안 했거나 건강에 안 좋은 음식을 먹어서 살이 찌면 예전 몸매를 되찾으려고(to get back in shape) 노력하는 거지.
Joe	'out of shape'이 될 수도 있어.
Stephanie	안 좋은 몸 상태지. 맞아. 또 'strenuous'라는 형용사도 썼는데 이건 정말 힘이 많이 드는 일을 뜻하지. 강도가 높아서 몸을 피곤하게 만드는 일 말이야. 그러니까 'strenuous workout'을 했다고 하면 정말 힘든 운동을 했다는 뜻이지.
Joe	고강도지. 아주 힘들면서 심박 수를 많이 올려 주는 거 말이야.

핵심 어휘 및 표현

🇬🇧 영국에서 자주 쓰는 핵심 어휘 및 표현을 학습해 보세요.

To pull a muscle*

'근육이 늘어나다/다치다/놀라다'라는 뜻이에요. 의학 용어가 아닌 실생활에 사용하는 표현입니다.

> **예문** I must have pulled a muscle in my thigh yesterday.
> 어제 허벅지 근육을 다친 게 분명해.

Slightly***

'조금', '약간'이라는 뜻의 부사예요.

To be toned**

'탄탄한 몸매의'라는 뜻으로 작은 근육들이 있는 그런 건강한 몸매를 의미해요.

> **예문** I've been doing some YouTube ab workouts to try and get toned abs.
> 난 탄탄한 복근을 갖고 싶어서 유튜브 보면서 복근 운동을 하고 있어.

To put on weight**

'to gain weight'와 같은 뜻으로 '체중이 늘다'라는 의미예요. 반대로 '살을 빼다'는 'to lose weight'라고 해요.

Out of shape**

'몸매가 좋지 않은', '몸 상태가 나쁜'이라는 뜻이에요. 몸매를 말하기도 하지만 보통은 건강과 체력에 초점을 맞춰 사용하는 표현이에요.

연습 문제

❋ 오늘 배운 표현을 활용하여 아래 문장들을 말해 보세요.

Slightly

1. 그는 조금 긴장한 것처럼 보인다.
    (seems, nervous)

2. 그거 조금 매워.
    (it's, spicy)

3. 조금 피곤하네요.
    (I'm, tired)

To put on weight

4. 내 몸무게가 늘었어.
    (I, have).

5. 난 체중이 쉽게 늘지 않아.
    (I, don't, easily)

6. 난 많이 먹지만 절대 체중이 늘지 않지.
    (eat, a lot, but, never)

정답

1. He seems slightly nervous.
2. It's slightly spicy.
3. I'm slightly tired.
4. I have put on weight.
5. I don't put on weight easily.
6. I eat a lot, but never put on weight.

Exercise 운동

Stephanie
That's right. That's right. And you said that you like to go to the gym with someone so that they can spot you. So that's another verb, to spot someone.

Joe
If you spot someone, you are basically making sure that they are safe; if you're using very heavy things, it could be dangerous.

Stephanie
Good! And I think maybe a final phrase, which is actually an idiom, might be a 'gym bunny.' We refer to somebody who really loves working out in the gym, who's, kind of, maybe even obsessed with fitness, we can call them a gym bunny.

Joe
Maybe, last but not least, you mentioned how exercise gives you a lease of life, a new lease of life.

Stephanie
So, if it gives you a new lease of life, it energises you, it gives you lots more energy than you had before you started exercising. Good, ok, well, on that note, I think I should start exercising more this week. You've inspired me to.

Joe
I might wait until tomorrow, personally. I think I'm a little bit tired for right now.

Stephanie
Okay. Well, it was lovely talking to you, as always.

Joe
Yep. Always a pleasure. Um, let's get into this regime and we'll be in fantastic shape come the end of the summer.

Stephanie
Alright, I'll speak to you soon, take care!

Stephanie	맞아, 또 네가 누군가와 같이 헬스클럽에 가는 게 좋다고 했잖아. 그들이 너를 'spot' 해 줄 수 있으니까. 동사가 하나 나왔네, 'to spot someone'.
Joe	누군가를 'spot' 한다는 말은 그 사람이 안전하게 운동을 할 수 있게 봐 준다는 말이야. 무거운 중량을 드는 운동을 하면 위험할 수도 있거든.
Stephanie	좋아! 그럼 마지막 표현은 관용 표현인 'gym bunny'에 대해 얘기해 보자. 헬스장에서 운동하는 걸 정말 좋아하고 집착에 가까울 정도로 항상 운동만 생각하는 사람을 'gym bunny'라고 불러.
Joe	마지막으로 또 중요한 표현, 운동이 너에게 'new lease of life'를 준다고 했잖아.
Stephanie	그 말은 네게 활기를 북돋아 준다는 뜻이야. 운동을 하기 전보다 에너지가 넘쳐난다는 말이지. 좋아, 그런 의미에서 이번 주에 운동을 더 해야 할 것 같아. 너한테 영감을 받았어.
Joe	난 개인적으로 내일 해야 할 것 같아. 지금은 좀 피곤하네.
Stephanie	알았어. 언제나 그렇듯이 즐거운 대화였어.
Joe	맞아, 항상 즐거워. 지금 (운동) 루틴을 시작하면 여름이 끝날 때쯤 몸짱이 될 수 있을 거야.
Stephanie	그렇지, 그럼 다음에 또 얘기하자. 잘 지내고!

🇬🇧 영국에서 자주 쓰는 핵심 어휘 및 표현을 학습해 보세요.

To be obsessed with *something/someone****

'항상 ~만 생각하다', '~에 집착하다'라는 뜻이 있어요. 어떤 것에 대한 굉장한 관심을 표현하기에 긍정적으로도 쓰이지만 지나친 관심인 집착의 의미로도 사용되는 표현이에요.

Last but not least*

'마지막으로 중요한 것은'이라는 뜻으로 마지막이지만 앞서 말한 것들과 비교해서 절대 중요도가 떨어지지 않는다는 것을 강조할 때 쓰는 표현이에요.

On that note*

'이쯤에서', '그런 의미에서'라는 뜻으로 보통 이야기 주제를 바꾸거나 이야기를 끝낼 때 많이 사용해요.

예문 Right, on that note, we'll end the meeting for today.
좋아요. 이쯤에서 오늘 미팅은 마치도록 하죠.

As always**

'항상 그렇듯이', '언제나처럼'이라는 뜻으로 긍정적, 부정적인 상황에 모두 사용 가능해요.

Come + the end of the summer*

'미래의 어떤 특정한 시간이 되면'이라는 뜻이에요. 본문에서는 여름의 마지막을 언급하며 여름이 끝날 때쯤 우리는 몸짱이 되어 있을 것이라는 걸 암시했어요. Come 다음에 미래의 특정 시점을 넣으면 됩니다.

예문 Come this time tomorrow, we'll be lying on a beach in the south of France.
내일 이 시간이면, 우린 프랑스 남쪽 해변에 누워 있을 거야.

❉ 오늘 배운 표현을 활용하여 아래 문장들을 말해 보세요.

To be obsessed with *something/someone*

1. 그녀는 토마토케첩에 너무 집착해.
   (she, so, tomato ketchup)

2. 샘은 여자 친구에게 너무 집착해.
   (Sam, so, his, girlfriend)

3. 난 비틀스에 집착했었어.
   (was, with, the Beatles)

As always

4. 언제나처럼, 도와줘서 고마워.
   (thank, for, your, help)

5. 레베카는 학교에 지각했다, 언제나처럼.
   (Rebecca, late, for, school)

6. 언제나처럼, 난 넷플릭스를 보다가 잠이 들었다.
   (fell, asleep, watching, Netflix)

정답

1. She is so obsessed with tomato ketchup.
2. Sam is so obsessed with his girlfriend.
3. I was obsessed with the Beatles.
4. As always, thank you for your help.
5. Rebecca was late for school, as always.
6. As always, I fell asleep watching Netflix.

건강과 운동에 진심인 영국 사람들

영국 사람들은 운동과 건강에 대한 관심이 굉장히 많아요. 시내에 헬스클럽(gym)이 즐비하고 각종 영양제, 단백질 보충제도 아주 쉽고 저렴하게 구할 수 있어요. 샐러드, 닭 가슴살, 신선한 채소가 가득한 호밀빵 샌드위치 등 건강한 식단(diet)을 파는 곳이 많다는 것도 큰 장점이에요. 마트에 가면 영양소를 고려한 음식과 채소, 과일이 종류별로 잘 포장되어 있고 헬스클럽 근처에 건강한 음식과 주스만 파는 작은 가게들도 많아요.

영국 사람들의 축구 사랑은 전 세계적으로 유명하죠. 그래서인지 일반인이 쉽게 사용할 수 있는 축구장이 아주 많답니다. 주말에 친구들끼리 축구를 하기도 하고 사람이 많지 않으면 가볍게 5:5 풋살(five-a-side)을 즐기기도 해요. 그뿐만 아니라 테니스, 크리켓(cricket), 럭비 등 운동을 즐길 수 있는 환경이 곳곳에 잘 조성되어 있어요.

영국 사람들의 운동에 대한 열정을 확인할 수 있는 재미있는 모습도 있어요. 비가 주룩주룩 내리는 추운 날에 반팔, 반바지를 입고 비를 맞으며 길거리를 뛰어다니는 사람들을 종종 볼 수 있답니다. 헬스장 러닝 머신(treadmill)은 지루하기도 하고 영국 거리와 공원이 예뻐서 날씨와 상관없이 매일 뛴다고 해요. 참 에너지 넘치죠?

실제 영국인들의 대화를 통해서 생생한 영국식 영어를 체험해 보세요.

| Joe | So, hey, Steph! How are you doing? |

Stephanie   Hey! I'm good, thank you. How are you doing?

Joe   Yes, I'm very well. I'm kind of excited that it's Friday, and yeah, end of the week.

Stephanie   Maybe, because it's Friday, we could play a little game. So, in our drinking podcast, we talked about a drinking game. Do you remember 'Have you ever?'

Joe   Yeah. 'Have you ever?' It's a good, kind of, get-to-know-you game. Um, now, who wants to start off? Get the ball rolling?

Stephanie   I'm throwing you in at the deep end.

Joe   Yep, I'm ready.

Stephanie   Ok, so have you ever met a celebrity?

Joe   I have. I'm lucky enough to have met some people during my time playing music. But the one that I enjoyed personally the most, was um, Bunny Wailer, who was the bassist for Bob Marley and the Wailers.

Stephanie   Really? Oh, ok!

196

Joe	안녕 스테프. 어떻게 지내?
Stephanie	안녕! 난 잘 지내, 고마워. 너는 잘 지내?
Joe	응, 나도 잘 있어. 금요일이라 신난다. 한 주의 마지막이야.
Stephanie	금요일인데 오늘은 게임이나 한 판 해 볼까? 우리 술 주제 팟캐스트에서 술 게임에 대해 얘기했었잖아. 'Have you ever?'라고 기억나?
Joe	응, 'Have you ever?' 말이지? 다른 사람을 알아가기에 좋은 게임인 것 같아. 음, 누가 먼저 시작하지? 시작할까?
Stephanie	내가 어려운 질문으로 시작해 주지.
Joe	좋아, 준비됐어.
Stephanie	좋아. 넌 연예인을 만나 본 적 있어?
Joe	있어. 운 좋게도 나 예전에 음악을 할 때 몇몇 만났었어. 개인적으로 만나서 제일 좋았던 분은 버니 웨일러였던것 같아. '밥 말리 & 더 웨일러스'의 베이시스트였거든.
Stephanie	진짜?

✳️ 영국에서 자주 쓰는 핵심 어휘 및 표현을 학습해 보세요.

Hey***

'안녕' 정도의 의미로 가볍게 인사할 때 사용하는 표현이에요. 격식 차리는 자리에선 잘 사용하지 않고 주로 친구나 직장 동료와 만났을 때 씁니다. 반가움을 나타내는 유용한 표현이에요.

Could***

'could'는 정말 다양한 뜻을 가지고 있어요. 본문에서는 '제안'의 의미로 사용됐어요. '~하는 게 어때?', '~하는 게 좋을 것 같다'라는 의미예요.

Get-to-know-you*

'To get to know someone'이라고 하면 '누군가를 알아가다'라는 뜻이에요. 본문처럼 'get-to-know-you'로 단어를 붙여서 사용하면 '당신을 알아가는'이라는 형용사가 된답니다. get-to-know-you questions, get-to-know-you activities처럼 누군가를 알아가는 질문, 활동을 말할 때 사용해요.

To get the ball rolling*

'시작하다'라는 표현으로 어떤 행동이나 일을 시작할 때 자주 사용해요.

예문 Who's gonna get the ball rolling?
누가 먼저 시작할래?

To throw *someone* in at the deep end*

'누군가를 궁지에 몰다'라는 뜻으로 충분한 도움이나 안내 없이 어려운 상황에 몰아넣는 걸 의미해요. 직장에서 자주 사용되는 표현입니다.

연습 문제

※ 오늘 배운 표현을 활용하여 아래 문장들을 말해 보세요.

Could

1. 우리 거기서 버스 타는 게 좋을 것 같아.
   (get, a bus, there)

2. 우리 커피 한 잔 마시러 가는 게 어떨까요?
   (go, for, a, coffee)

3. 네 매니저한테 물어보는 게 좋을 것 같아.
   (you, ask, your, manager)

To get the ball rolling

4. 난 새 프로젝트를 시작했다.
   (on, the new project)

5. 내 생각엔 네가 시작하는 게 좋을 것 같아.
   (think, you, should)

6. 파티를 시작해 보자!
   (let's, on the party)

정답

1. We could get a bus there.
2. Could we go for a coffee?
3. You could ask your manager.

4. I got the ball rolling on the new project.
5. I think you should get the ball rolling.
6. Let's get the ball rolling on the party!

Have You Ever? 술게임

🇬🇧 실제 영국인들의 대화를 통해서 생생한 영국식 영어를 체험해 보세요.

Joe	I was starstruck by that. What about you? Have you ever met a celebrity?
Stephanie	You know, around London I've spotted a couple of famous faces, once I saw, I was sitting in a café in… I think it was in Belsize Park, and I spotted Gwyneth Paltrow.
Joe	In my area, in Wapping and Limehouse around where I'm living at the moment. We have Sir Ian McKellen, you know the guy who played, sort of, Dumbledore and Magneto, and all the — he's a very Shakespearean type. But yeah, you get some bohemian celebrities, you know. All right. Have you ever hitchhiked?
Stephanie	No, I haven't hitchhiked. But, when I was travelling in Brazil, I remember I decided to hire a car on this little island off Brazil. Um, yeah, it was like, really, like, kind of like a beachy vibe, it was really quiet, and I drove to this beach and parked up, and suddenly this little old lady knocked on my window. She got in the back seat, and um, well with my broken Portuguese and stuff, like, kind of understood she wanted a lift to the nearest town which was like, literally, like a two-minute drive away. But little did she know that I was a new driver.
Joe	Yeah. She ended up being more scared than you were, you know.
Stephanie	Exactly! What about you? Have you ever hitchhiked?

Joe	그때 완전 정신을 못 차렸지. 넌 어때? 연예인을 만나 본 적이 있어?
Stephanie	런던 주변에서 유명한 사람들을 몇 명 본 적 있어. 한 번은 카페에 앉아 있는데, 벨사이즈 파크였던 것 같아. 근데 거기 귀네스 팰트로가 있었어.
Joe	지금 내가 사는 지역 있잖아, 와핑과 라임하우스 근처. 거기엔 이안 맥켈런 경이 계셔. 알지? 덤블도어*와 마그네토를 연기하신 분 말이야. 굉장히 셰익스피어적인 느낌이 있는 분이지. 암튼 약간 보헤미안 같은 연예인들이 많이 살아. 좋아. 그럼 히치하이킹해 본 적 있어? (*이안 맥켈런은 덤블도어를 연기하지 않았어요. 덤블도어와 닮아서 조 선생님이 착각한 것 같아요.)
Stephanie	아니, 해 본 적 없어. 그렇지만 예전에 브라질에 여행 갔을 때 브라질 어떤 작은 섬에서 렌터카를 빌렸을 때 기억이 나. 해변가 분위기의 동네였는데 정말 조용했어. 그날 해변가로 가서 차를 세웠는데 갑자기 왜소한 체격의 할머니가 오셔서 창문을 두드리시는 거야. 뒷좌석에 앉으셨지. 그리고 내 부족한 포르투갈어로 할머니가 진짜 차로 2분 정도밖에 안 되는 가장 가까운 동네에 가고 싶으시다는 걸 알아냈지. 그치만 할머니는 몰랐지. 내가 운전 초짜였다는 걸.
Joe	할머니가 너보다 더 무서우셨을 거야.
Stephanie	그러니까! 넌 어때? 히치하이킹해 본 적 있어?

핵심 어휘 및 표현

🔰 영국에서 자주 쓰는 핵심 어휘 및 표현을 학습해 보세요.

Starstruck*

'유명인에게 반한', '스타에게 완전히 빠진'이라는 의미로 보통 동경하는 사람을 본 후 많이 사용하는 표현이에요. 팬과 연예인의 만남을 생각하면 쉽게 이해할 수 있어요.

Café***

'카페'라는 뜻이지만 한국에서 사용하는 '카페'와는 의미가 조금 달라요. 영국 'Café'에서는 커피와 차도 팔지만 음식이 메인이에요. 브런치 가게로 생각하면 됩니다. 스타벅스 같은 곳은 'coffee shop'이라고 해요.

Broken + language*

직역하면 '망가진 언어'라는 재미있는 표현이에요. 어떤 언어를 제대로 구사하지 못하고 실수가 아주 많은 걸 의미해요. 'broken English'라고 하면 엉터리 영어라는 뜻이죠.

예문 My broken Korean made my friends laugh.
   내 형편없는 한국어 실력이 내 친구들을 웃게 만들었어.

Little does *someone* know*

'어떤 것에 대해 아는 것이 거의 없다'라는 뜻이에요. 주로 어떤 상황에 대해 설명할 때 자주 사용해요.

예문 I accepted his invitation to dinner but, little did I know, he was a married man!
   난 그의 저녁 식사 초대를 받아들였어. 그런데 그가 결혼했다는 사실은 정말 몰랐어!

To end up *V-ing***

'결국 ~하게 되다'라는 의미로 딱히 계획하지 않았지만 자연스럽게 일어난 현상에 대해 얘기할 때 주로 사용해요.

연습 문제

❄ 오늘 배운 표현을 활용하여 아래 문장들을 말해 보세요.

Starstruck

1. 난 손흥민에게 푹 빠졌어.
   (got, by, Son Heung-min)

2. 엠마 왓슨에게 너무 빠지지 마.
   (try, not to be, by, Emma Watson)

3. 나 그를 처음 만났을 때 놀라서 말이 안 나왔어.
   (was, when, first, met, him)

To end up *V*-ing

4. 우린 결국 길을 잃었다.
   (we, getting, lost)

5. 그는 결국 학교에 지각했어.
   (being, late, for, school)

6. 소피는 결국 남자 친구와 싸우고 말았어.
   (Sophie, arguing, with, her, boyfriend)

정답

1. I got starstruck by Son Heung-min.
2. Try not to be starstruck by Emma Watson.
3. I was starstruck when I first met him.
4. We ended up getting lost.
5. He ended up being late for school.
6. Sophie ended up arguing with her boyfriend.

Have You Ever? 술 게임

⊕ 실제 영국인들의 대화를 통해서 생생한 영국식 영어를 체험해 보세요.

Joe
Um, well, nothing as interesting as that. My mum apparently, when she was younger and like, in the '60s and '70s, she hitchhiked all over Europe.

Stephanie
That's pretty brave, I must say. Brave.

Joe
She's a tough cookie*.

Stephanie
Yeah. Ok, so, I think it's my turn, right? Have you ever fallen asleep on public transport?

Joe
Yes, I have. One time I did it, I managed to do it twice in a day, um, it was very bad.

Stephanie
Yeah, with your mouth hanging open, head back, catching flies, right?

Joe
I'm sure I was very graceful in my sleep.

Stephanie
Yeah, sure. Um, yeah, I have done it before, yeah. I think the worst time was when it was before the Night Tube*, so I had to actually take, like, two or three night buses from where I was. And basically, yeah, I just got on the first one and then ended up dozing off on the way and just ending up at the end of the line. And I don't live that far!

Joe
I know, these times. I don't know why we put ourselves through it, you know. Ok, have you eaten anything... have you ever eaten anything unusual?

Joe	글쎄, 네 얘기만큼 재미있는 경험은 없어. 듣기론 우리 엄마가 젊었을 때, 그러니까 한 60-70년대쯤에 히치하이킹으로 유럽 전역을 돌아다녔대.
Stephanie	용감하시다. 정말 용감하셨네.
Joe	아주 강인한 분이시지.
Stephanie	정말 그렇네. 그럼 이제 내 차례네, 맞지? 너 혹시 대중교통 이용할 때 잠든 적 있어?
Joe	딱 한 번 그런 적 있어. 하루에 두 번이나 잠들어 버렸지 뭐야. 아주 심각했지.
Stephanie	그렇지. 입을 활짝 벌리고 고개는 뒤로 넘어가서 '파리 잡으려고', 그치?
Joe	난 아주 우아하게 잤을 거라고 확신해.
Stephanie	물론 그랬겠지. 음, 나도 졸았던 적이 있어. 최악이었던 날은 야간 지하철이 없던 때였던 거 같아. 그래서 내가 있던 곳에서 야간 버스를 두세 번 갈아타야 했어. 그래서 첫 버스를 탔는데 가는 길에 깜빡 졸았지 뭐야. 결국 그 버스 종점까지 갔어. 그렇게 멀리 살지도 않았는데!
Joe	나도 이해해. 대체 우린 왜 그랬을까. 좋아. 그럼 혹시 특이한 음식 먹어 본 적 있어?

> * tough cookie 자신만만하고 늠름한 사람
> * Night Tube 런던의 심야 지하철

핵심 어휘 및 표현

🏴󠁧󠁢󠁥󠁮󠁧󠁿 영국에서 자주 쓰는 핵심 어휘 및 표현을 학습해 보세요.

In the + '60s★★

60년대, 70년대, 80년대, 이렇게 시대를 10년 단위로 묶어서 나타낼 때 사용하는 표현이에요. 전체 숫자를 포함해서 'in the 1960s', 'in the 1990s' 이렇게도 표기합니다.

예문 Dad, did you have a phone in the '80s?
아빠, 80년대에는 폰이 있었어요?

It's my turn★★

'내 차례야'라는 뜻으로 보통 줄을 서거나 순서를 지켜야 하는 활동, 게임 등을 할 때 많이 사용해요.

To manage to V ★★★

'간신히 ~하다', '가까스로 ~하다'라는 의미로 보통 어려운 것을 간신히 해낼 때 많이 사용하는 표현이에요.

To catch flies

'입을 벌리고 있다'라는 의미로 보통 입을 벌리고 자거나, 누군가 입 벌린 채 멍 때리고 있을 때 많이 사용해요.

예문 Are you trying to catch flies?
지금 파리 잡으려는 거야? (왜 그렇게 입을 벌리고 있어?)

To doze off★

'가볍게 잠이 들다', '꾸벅꾸벅 졸다'라는 뜻이에요.

206

❈ 오늘 배운 표현을 활용하여 아래 문장들을 말해 보세요.

It's my turn

1. 내가 저녁을 살 차례야.
   (to, buy, dinner)

2. 내가 대답할 차례인가요?
   (to, answer)

3. 내 차례야, 그치?
   (isn't, it)

To manage to *V*

4. 엠마는 가까스로 새로운 직장을 찾았어.
   (Emma, find, a new job)

5. 난 간신히 시간 내에 그 프로젝트를 끝냈어.
   (finish, the project, in time)

6. 난 간신히 그 시험에 통과했어.
   (pass, the exam)

정답

1. It's my turn to buy dinner.
2. Is it my turn to answer?
3. It's my turn, isn't it?
4. Emma managed to find a new job.
5. I managed to finish the project in time.
6. I managed to pass the exam.

Have You Ever? 술게임

실제 영국인들의 대화를 통해서 생생한 영국식 영어를 체험해 보세요.

| Stephanie | Yeah, once. The only thing I could think of is when I was in Brazil, we went on this kind of Amazon Rainforest tour. And they cooked lunch for us. And they gave us the usual kind of rice and beans, which is a very Brazilian thing. Um, but, on top of that, they gave us caiman. It looked like a tiny, like, crocodile, basically. Um... and they literally just popped it on the barbecue, whole. |

Joe   When in Brazil, huh?

Stephanie   When in Brazil.

Joe   Yep. Um, yeah, I can't say I've eaten anything quite as interesting because I used to be a vegetarian. I, even now, I'm still a little bit squeamish about certain types of food.

Stephanie   That's interesting. Um, so shall we go and have a look at some of the words that we used today?

Joe   Ok.

Stephanie   I suppose one of the first words we talked about was to hitchhike.

Joe   Ok. I mean, the kind of... the very typical look of... the, like, image of a hitchhiker is somebody standing on the side of the road, with their arm out and their thumb up, sort of, trying to call for a... like, a car to stop.

| Stephanie | 응, 한 번. 딱 하나 생각나는 건 내가 브라질에 갔을 때, 우리가 아마존 열대우림 투어를 갔을 때였던 것 같아. 거기서 점심을 요리해 줬어. 브라질식으로 평범한 쌀과 콩을 주셨지. 거기다 카이만을 주셨어. 작은 악어처럼 보였었지. 그걸 그냥 통째로 바비큐 그릴에 탁 놓더라고. |

| Joe | 브라질에선, 그치?
('When in Rome, do as the romans do.(로마에선 로마법을 따르라.)'에서 나온 재미있는 표현이에요. 브라질에선 브라질 법을 따라야 한다는 걸 표현했어요.) |

| Stephanie | 브라질에선. |

| Joe | 그래. 난 너만큼 신기한 걸 먹어 본 적은 없는 것 같아. 예전엔 난 채식주의자였거든. 지금까지도 특정 음식들에 대해선 비위가 좀 약해. |

| Stephanie | 흥미롭네. 음, 그럼 오늘 우리가 쓴 단어들을 살펴볼까? |

| Joe | 좋지. |

| Stephanie | 처음에 얘기했던 단어 중 하나가 'hitchhike'였어. |

| Joe | 맞아. 히치하이커라고 하면 생각나는 전형적인 이미지가 있지. 누군가 도로 한편에 서서 팔을 내밀고 엄지손가락을 올리고 지나가는 차를 세워 달라고 하는 모습이지. |

핵심 어휘 및 표현

❈ 영국에서 자주 쓰는 핵심 어휘 및 표현을 학습해 보세요.

The only *something* I can think of★★

'딱 하나 생각나는 건', '내 생각엔'이라는 뜻이에요. 명확한 답은 모르지만 지금 내 생각을 알려 줄게라는 의미입니다.

예문 **A:** Why is Stacey late?　**B:** The only reason I can think of is she's stuck in traffic.
A: 스테이시는 왜 늦는 거야?　　　B: 내 생각엔 아마 교통 체증 때문인 것 같아.

On top of that★★

'그 외에', '뿐만 아니라'라는 의미로 이미 말한 것에 추가적으로 어떤 것을 더할 때 쓰는 표현이에요.

예문 I won a free trip to a hotel and on top of that, I got three free spa treatments!
나 호텔 이용권을 공짜로 얻었어. 그뿐 아니라 스파 이용권도 3장이나 받았어!

To pop *something*★

'pop'은 많은 뜻을 가지고 있어요. '나타나다', '던지다', '놓다' 등 다양한데 본문에서는 어떤 물건을 '탁 놓다', '쑥 내밀다'라는 의미로 사용됐어요.

Used to V ★★★

'예전엔 ~했는데 지금은 하지 않는다'라는 의미예요. 예전에도 하고 지금도 하고 있을 때는 쓰면 안 돼요.

Squeamish★★

'비위가 약한'이라는 뜻이에요.

예문 She is too squeamish to even touch raw meat when cooking.
그녀는 비위가 너무 약해서 요리할 때 생고기를 만지지도 못해.

연습 문제

✳ 오늘 배운 표현을 활용하여 아래 문장들을 말해 보세요.

To pop *something*

1. 그 코트를 옷장에 넣어.
   (the coat, in, the wardrobe)

2. 내가 그 피자 오븐에 집어넣을게.
   (will, the pizza, in, the oven)

3. 내 핸드폰 좀 테이블 위에 놓을게.
   (let, me, my phone, on, the table)

Used to *V*

4. 나 예전에 런던에 살았어.
   (live, in, London)

5. 나 예전엔 매일 같이 스트레스를 받았어.
   (get, stressed, every day)

6. 그는 예전에 일주일에 3회씩 운동을 했어.
   (he, work out, three times, a week)

정답

1. Pop the coat in the wardrobe.
2. I will pop the pizza in the oven.
3. Let me pop my phone on the table.
4. I used to live in London.
5. I used to get stressed every day.
6. He used to work out three times a week.

✤ 실제 영국인들의 대화를 통해서 생생한 영국식 영어를 체험해 보세요.

Stephanie   Well, you're just asking for a lift, right? You're asking for a lift from someone, or…

Joe   So, you mentioned when you'd fallen asleep that you dozed off. So that… so, describe dozing off to me.

Stephanie   Well, it means that you fall asleep, basically, but we normally use this expression when it's kind of unexpected. So, you could say 'I dozed off on the sofa whilst watching a film,' or yeah, in my case, I dozed off on the bus.

Joe   Hey – yeah!

Stephanie   Good. Um, another word that you used, I think it was when you met your celebrity, was 'starstruck.'

Joe   If you are starstruck, you are just completely shocked because you are in front of somebody that you didn't… you never expected you would be in front of. And there's a feeling of not really being able to communicate everything that you want to.

Stephanie   Yeah, totally. So, you're kind of, like, amazed by that person – so amazed that you can't even speak, maybe.

Joe   Yeah. Exactly, yeah, your mouth is just open. Now, as a former veggie (vegetarian), I'm still a little bit squeamish. I suppose it just means that you have a kind of, like, a funny… a slightly strange reaction to… well, I've used it in the case of food, but I suppose people who don't like the sight of maybe blood, in general.

Stephanie	차를 태워 달라고 묻는 거지, 맞지? 누군가에게 차를 태워 달라고 묻는 거 말이야.
Joe	또, 네가 아까 잠들었다는 얘기를 했었지. 깜빡 졸았던 거. 'dozing off'가 무슨 뜻인지 설명해 줘.
Stephanie	음, 그러니까 기본적으로 잠이 들었다는 말이야. 그런데 보통 예상하지 못했을 때 쓰는 표현이지. 소파에서 영화를 보다가 갑자기 잠이 들었다든가 할 때 말이야. 내 경우는 버스였고.
Joe	아하, 그렇지!
Stephanie	좋아. 그리고 네가 썼던 단어가 하나 더 있어. 동경하던 연예인을 만났을 때 썼던 거 같은데 'starstruck'이었지.
Joe	보통 'starstruck'은 충격을 받았을 때 쓰는 표현이야. 네가 한 번도 볼 수 없을 거라고 생각했던 사람 앞에 서 있다거나 할 때 말이야. 하고 싶은 말이 안 나오는 그런 느낌이지.
Stephanie	응. 그 사람을 보고 너무 놀라서 말도 안 나오는 상황이겠지 아마.
Joe	맞아. 정확해. 그저 입만 벌리고 있는 거지. 예전 채식주의자로서 난 아직도 비위가 약해. 'squeamish'는 내 경우엔 어떤 음식에 대해 약간 이상한 반응을 보인다는 뜻으로 썼지만 피 같은 걸 잘 못 보는 그런 사람들을 묘사할 때도 써.

🇬🇧 영국에서 자주 쓰는 핵심 어휘 및 표현을 학습해 보세요.

Lift★★

'차를 태워 주는 행위'를 뜻해요. 누군가에게 차가 필요하냐고 물을 때 자주 사용해요.

예문 Do you need a lift?
> 차 태워 줄까?

In my case★★

'내 경우엔'이라는 뜻으로 개인적인 이야기를 하기 전에 자주 쓰여요.

Former★★

보통 명사 앞에 쓰이며 '과거의', '이전의'라는 의미를 가져요. 전자, 후자 개념에서 전자라는 뜻도 있습니다.

예문 He is a former police officer.
> 그는 전직 경찰관이야.

Veggie★★

채식주의자, 'vegetarian'의 줄임말이에요.

The sight of *something/someone*★

'~을 보는 것'이라는 뜻으로 어떤 사물이나 상황을 시각적으로 보는 행위를 의미해요.

예문 The sight of seeing the other team win made my blood boil.
> 상대팀이 이기는 걸 보는 것은 내 피를 끓게 만든다.

✳ 오늘 배운 표현을 활용하여 아래 문장들을 말해 보세요.

Lift

1. 그녀에게 우리 차를 타고 가라고 하면 좋을 것 같아.
(we, should, offer, a)

2. 우린 맥스를 학교까지 태워 줬어.
(gave, Max, a, to, school)

3. 난 아빠한테 차 태워 달라고 부탁했어.
(asked, my dad, for, a)

In my case

4. 난 개인적으로, 유학을 가고 싶어.
(want to, study, abroad)

5. 내 경우엔 그래.
(yes)

6. 그녀는 어디든 여행을 할 수 있어. 내 경우는 그렇지 않아.
(can, travel, anywhere, I, can't)

정답

1. We should offer her a lift.
2. We gave Max a lift to school.
3. I asked my dad for a lift.
4. In my case, I want to study abroad.
5. In my case, yes.
6. She can travel anywhere. In my case, I can't.

❊ 실제 영국인들의 대화를 통해서 생생한 영국식 영어를 체험해 보세요.

Stephanie	Something that you think looks disgusting or weird. Yeah, like, blood's a good one.
Joe	Gory movies, you know, you don't want to see anything, like, too much of anything, kind of, not just scary, but actually like something where there's either blood, or something is getting squashed, or — it's your reaction, if you kind of shiver or you wince, you kind of screw your face up at the idea of something, then you are squeamish.
Stephanie	Um, good! Ok. Well, that was fun!
Joe	Yeah, I like these games!
Stephanie	Me, too!
Joe	If we do this again on a Friday then we could… then, yeah. I'm up for some more.
Stephanie	Yeah, we should play again. Have a lovely Friday and weekend.
Joe	Okay, yeah, you as well. Until the next time.
Stephanie	See you soon.
Joe	Alright, bye-bye!
Stephanie	Ok, bye!

Stephanie	약간 역겹거나 이상해 보이는 거지. 그치, 피를 못 보는 게 좋은 예시야.
Joe	피투성이의 잔인한 영화 같은 거지. 무섭지 않아도 피 같은 거나 뭔가 짓눌려서 찌그러지는 게 너무 많이 나오는 걸 보기 싫어하는 거지. 그때 나오는 리액션을 의미해. 그런 걸 생각할 때 떨린다거나 움찔거리거나 얼굴을 찡그리는 반응이 나온다면 'squeamish'하다고 할 수 있지.
Stephanie	아주 좋네! 오늘도 재밌있었어!
Joe	맞아. 나 이 게임 좋아하거든!
Stephanie	나도!
Joe	금요일에 이 게임 다시 한다면… 난 환영이야.
Stephanie	그래. 다시 해 보자. 금요일 잘 보내. 주말도.
Joe	그래. 너도. 다음에 만날 때까지 잘 지내.
Stephanie	곧 또 봐.
Joe	그래 안녕.
Stephanie	안녕!

핵심 어휘 및 표현

🔆 영국에서 자주 쓰는 핵심 어휘 및 표현을 학습해 보세요.

Gory★★

'피투성이의', '잔인한'이라는 뜻으로 보통 폭력, 살인 등 잔인한 장면을 묘사할 때 사용되는 표현이에요.

예문 She stabbed him twice in the throat. It was such a gory scene!
그녀는 그의 목을 두 번 찔렀어. 정말 잔인한 장면이었어.

To shiver★★★

'(몸을) 떨다'라는 뜻이에요. 추위, 흥분 혹은 공포 때문에 떠는 것 모두 'shiver'라고 합니다.

예문 Oh my gosh, come inside now! You're shivering.
어머나, 안으로 얼른 들어와! 너 떨고 있잖아.

To wince★★

'움찔거리다'라는 의미로 보통 통증이나 불쾌함 때문에 살짝 놀라며 움찔거리는 모습을 표현하는 단어예요.

To be up for *something*★★

'~을 하려고 하다'라는 뜻으로 어떤 활동이나 계획에 참여 의사를 밝힐 때 주로 쓰여요.

Until next time★★

'다음 시간까지', '다음에 만날 때까지'라는 뜻으로 주로 작별 인사를 할 때 사용해요. TV 프로그램이나 유튜브 등을 마칠 때도 자주 쓰는 표현이에요. 'the'를 붙여서 until the next time이라고 말하는 사람도 있지만 until next time을 더 자주 씁니다.

연습 문제

🎌 오늘 배운 표현을 활용하여 아래 문장들을 말해 보세요.

To be up for *something*

1. 너 맥주 한잔 마실 생각 있어?
   (are, you, a beer)

2. 그건 큰 도전이지만 난 할 마음이 있어!
   (it's, a big challenge, but, I'm, it)

3. 난 해변가로 여행 가면 참여할 생각이 있어.
   (I'd, a trip, to, the beach)

Until next time

4. 다음에 만날 때까지, 잘 지내!
   (take, care)

5. 다음에 만날 때까지 안전히 잘 지내 (코로나로 인해 자주 사용하는 표현)
   (stay, safe)

6. 만나서 너무 좋았어. 다음에 또 보자!
   (it, was, lovely, seeing, you)

정답

1. Are you up for a beer?
2. It's a big challenge, but I'm up for it!
3. I'd be up for a trip to the beach.
4. Until next time, take care!
5. Stay safe, until next time.
6. It was lovely seeing you. Until next time!

영국의 다양한 술 게임

영국 사람들이 술에 진심이라는 건 첫 번째 에피소드를 통해 잘 알 수 있었어요. 재미있는
이야기를 하며 마시기도 하지만 다양한 게임을 하며 인사불성이 될 때까지 술을 마시기도
한답니다. 본문에 나온 'Have you ever' 게임도 많이 하고 팀을 짜서 탁구공을 술잔에 던
져 넣는 'Beer pong'이라는 게임도 있어요.

'Pub crawl'이라는 게임도 유명해요. 여러 펍(pub)을 돌아다니며 한 장소에서 한 파인트
(pint) 씩 마시는 게임이에요. 첫 번째 펍에서 한 잔 마신 후 길을 걷다가 눈에 띄는 펍에 들

어가 또 한잔하고. 그런 식으로 취할 때까지 펍을 옮겨 다니며 술을 마시는 게임이랍니다. 친구들과 동선을 짠 후 술 마실 펍들을 미리 정하기도 해요. 술에 약한 친구는 3-4군데 들른 후 참지 못하고 길에서 토하는 경우도 있답니다.

영국인은 대체로 처음 만난 사람에겐 쉽게 말을 걸지 않는 경향이 있어요. 그런 영국인들도 술 게임을 하게 되면 급속도로 친해진답니다. 어쩌면 그런 수줍어하는(shy) 성격 때문에 술과 펍 그리고 술 게임을 좋아하는 것 같기도 해요.

UNIT 10

If...
~라면

🏴 실제 영국인들의 대화를 통해서 생생한 영국식 영어를 체험해 보세요.

Stephanie	Hi, Joe. How are you doing?
Joe	Hey, Stephanie. Yes, I'm very good, thank you. How are you?
Stephanie	I'm well, thank you, very well. So today, we thought we'd have a look at some 'if' questions, didn't we? Yeah, so the 'if' that we're going to be using today will be mainly the second conditional – when you ask someone a question using 'if,' and it's something imaginary or hypothetical.
Joe	So it could be impossible. It could be an impossible present or future, or it could be a very unlikely future, or present.
Stephanie	Joe, would you like to start asking questions?
Joe	Alright! Go on then, I think I might. If you saw a famous person, would you ask them to take a selfie with you?
Stephanie	I think the answer would be no, actually. If that was to happen, I would be so starstruck that probably I would just freeze and stare. Would you?
Joe	I saw a famous ex-football player – Gary Neville – who was just becoming the manager of the football team Valencia in Spain. And he was in my queue for a Ryanair flight, and I thought, 'That's amazing!' because Ryanair is a very budget airline. And I thought, it was unexpected.
Stephanie	I bet it was. Yeah. I would think he's either, like, really down-to-earth, or he's tight? Doesn't wanna spend money.

222

Stephanie	안녕 조. 어떻게 지내?
Joe	안녕 스테파니. 난 아주 잘 지내, 고마워. 너는?
Stephanie	나도 잘 지내. 고마워. 오늘 우리 'if' 질문들을 살펴보기로 했잖아, 그치? 오늘 우리가 활용할 'if'는 주로 '2차 조건문'이 될 거야. 'if'를 활용해 상상 또는 가정적인 상황을 누군가에게 묻는 거지.
Joe	그러니까 완전히 불가능한 상황일 수도 있구나. 불가능한 현재나 미래, 또는 일어날 법하지 않은 현재나 미래가 해당되겠다.
Stephanie	조, 네가 먼저 질문해 볼래?
Joe	좋아, 그러지 뭐. 만약 네가 유명인을 봤다면 같이 셀카 찍자고 물어볼 거야?
Stephanie	글쎄, 안 물어볼 것 같아. 실제로 만약 그런 상황이 오면 분명 너무 놀라 얼어붙어서 그저 쳐다보기만 할 것 같아. 너라면 물어볼 거야?
Joe	난 게리 네빌이라는 유명한 전직 축구 선수를 봤어. 스페인 발렌시아 축구팀 감독으로 막 발탁됐던 시점이었지. 근데 그가 내가 서 있던 라이언 에어 대기열에 서 있는 거야. '대박이다'라고 생각했지. 왜냐하면 라이언 에어는 초저가 항공사잖아. 나한테는 예상치 못한 일이었어.
Stephanie	진짜 그랬겠다. 되게 현실적이고 겸손한 사람이었나 보다. 아니면 인색한 편이신가? 돈을 쓰는 걸 안 좋아하는 사람 말이야.

🇬🇧 영국에서 자주 쓰는 핵심 어휘 및 표현을 학습해 보세요.

Unlikely***

'~할 것 같지 않은'이라는 뜻으로 확률이 낮다는 의미예요. 'likely'는 반의어로 '할 것 같은'이라는 뜻이에요.

Selfie**

셀프 카메라, 즉 '셀카'라는 뜻이에요. 'To take a selfie'라고 하면 '셀카를 찍다'라는 뜻입니다.

예문 Stop taking selfies and get some work done!
　　　셀카 그만 찍고 일 좀 해!

Budget**

'budget'이라고 하면 보통 명사인 '예산'을 떠올려요. 하지만 형용사로 '저가의', '저렴한'이라는 뜻도 있습니다. 품질이 안 좋은 게 아닌 가성비가 좋다는 뉘앙스의 단어예요.

I bet S + V**

상대방이 의견에 대해 강력하게 동의한다는 의미의 표현이에요. 간략하게 'I bet'까지만 말하기도 합니다.

예문 A: I don't get much sleep these days because of the new job.
　　　B: I bet you don't!
　　　A: 새 직장 때문에 잠을 많이 자질 못해. B: 아, 진짜 그렇겠다!

Down-to-earth*

'현실적인', '견실한', '실용적인'이라는 뜻으로 보통 큰 성공에도 불구하고 겸손한 사람을 가리키는 좋은 표현이에요.

예문 Even though she is a celebrity, she seems down-to-earth.
　　　그녀는 유명인인데도 불구하고 굉장히 현실적이고 겸손해 보여.

🏴󠁧󠁢󠁥󠁮󠁧󠁿 오늘 배운 표현을 활용하여 아래 문장들을 말해 보세요.

Unlikely

1. 오늘 비가 올 것 같진 않아.
   (it's, to, rain, today)

2. 난 시험에 통과할 것 같지 않아.
   (I'm, to, pass, the exam)

3. 그 프로젝트는 성공할 것 같지 않아.
   (the project, is, to, succeed)

Budget

4. 그냥 저가 브랜드로 사자.
   (let's, just, buy, the, brand)

5. 저가 와인인데 정말 좋네!
   (it's, great, for, wine)

6. 그들의 저가 미용제품들은 정말 좋다.
   (their, beauty products, very good)

정답

1. It's unlikely to rain today.
2. I'm unlikely to pass the exam.
3. The project is unlikely to succeed.

4. Let's just buy the budget brand.
5. It's great for budget wine!
6. Their budget beauty products are very good.

🔆 실제 영국인들의 대화를 통해서 생생한 영국식 영어를 체험해 보세요.

Joe Yeah, tight. Frugal?

Stephanie So, what would you do if you were stranded* on a desert island all on your own?

Joe Ooh. All on my own!

Stephanie All by myself!

Joe I would have to think about survival stuff, I guess. Try and make a fire for people to see me.

Stephanie I think the first thing I would do is explore, I guess. See whether there's any food or any animals that I might need to hunt at some point.

Joe I don't think you can afford to be vegan in these situations. Ok, if you won the lottery, what would you do with your money?

Stephanie So, I wouldn't want to spend it all and just splurge on random stuff. So, I'd save some of it. I'd obviously share some with my family. Ok, so, what would you do if you had a day all to yourself?

Joe Probably get a cab to the nearest big music festival and just and listen to lots of music.

Stephanie Thinking about it now, I'd probably do, like, something really indulgent, like book a day at the spa. And I'd just, like, spend the whole day being pampered* rather than pampering myself.

Joe	맞아, 인색할지도. 검소한 건가?
Stephanie	그럼 네가 만약 무인도에 혼자 고립된다면 뭐 할 거야?
Joe	이런, 오로지 나 혼자!
Stephanie	오로지 나 혼자!
Joe	생존에 대해서 고민해야겠지. 누군가가 날 볼 수 있게 불을 피우려고 하거나 말이야.
Stephanie	나라면 제일 먼저 탐험을 할 거야. 먹을 거나 나중에 사냥할 동물이 있는지 보는 거지.
Joe	응, 그 상황에선 아주 엄격한 채식주의자가 될 여유가 없을 것 같아. 좋아, 그럼 만일 네가 로또에 당첨된다면 그 돈으로 뭘 할래?
Stephanie	다 써 버리진 않을 거야. 그리고 아무 데나 돈을 물 쓰듯 쓰진 않겠지. 일단 일부는 저축할 거고 일부는 가족들에게 나눠줄 거야. 좋아, 그럼 하루 종일 너만의 시간을 보낼 수 있다면 뭘 할래?
Joe	아마 택시를 잡고 제일 가까운 대형 음악 축제에 갈 거야. 음악을 잔뜩 들을 거야.
Stephanie	지금 생각해 보니 나라면 아주 나에게 호사스러운 것들을 할 거야. 스파를 하루 예약한다든가 말이야. 내가 직접 하는 것 말고 다른 누군가에게 하루 종일 관리 받고 마사지 받는 거지.

* stranded 고립된
* pamper 소중히 보살피다

핵심 어휘 및 표현

❖ 영국에서 자주 쓰는 핵심 어휘 및 표현을 학습해 보세요.

Frugal*

'검소한'이라는 뜻으로 긍정적인 뉘앙스를 가진 단어예요. 부정적인 뉘앙스를 가진 단어로는 'stingy(인색한)'가 있습니다.

예문 She is so frugal that she never buys any luxuries.
그녀는 아주 검소해서 절대 사치품을 사지 않아.

All by myself**

'혼자'라는 뜻이에요. 혼자 어떤 것을 해야 할 때, 스테파니 선생님처럼 셀린 디옹의 유명한 'All by myself'를 장난처럼 부르는 경우가 많답니다.

예문 Hurry up! I'm waiting here all by myself.
서둘러! 나 여기서 혼자 기다리고 있잖아.

To afford to V ***

'~할 여유가 있다'라는 뜻으로 보통 돈이나 시간을 의미해요. 주로 조동사 'can'과 함께 쓰이며 'can't afford to'는 '~할 여유가 없다'라는 부정의 의미예요.

To splurge on *something* *

'어떤 것에 돈을 물 쓰듯 쓰다'라는 뜻이에요. 보통 필요하지 않은 물건에 돈을 펑펑 쓰는 걸 의미해요.

Rather than***

'~보다는'이라는 뜻으로 보통 두 가지 중 하나를 선택할 때 많이 사용하는 표현이에요. 'A rather than B'는 'B보다는 A'라는 뜻입니다.

228

연습 문제

❋ 오늘 배운 표현을 활용하여 아래 문장들을 말해 보세요.

To afford to V

1. 난 차를 살 여유가 없어.
(can't, buy, a car)

2. 우리 마지막 버스를 놓칠 여유가 없어!
(can't, miss, the, last, bus)

3. 난 그 지갑을 살 여유가 없다.
(can't, buy, the wallet)

Rather than

4. 난 소고기보다 치킨을 먹을래.
(will, eat, chicken, beef)

5. 난 내 카레가 매운 것보다 순한 게 좋아.
(like, my curry, mild, spicy)

6. 난 커피보다 차를 마실게.
(will, drink, tea, coffee)

정답

1. I can't afford to buy a car.
2. We can't afford to miss the last bus!
3. I can't afford to buy the wallet.

4. I will eat chicken rather than beef.
5. I like my curry mild rather than spicy.
6. I will drink tea rather than coffee.

🇬🇧 실제 영국인들의 대화를 통해서 생생한 영국식 영어를 체험해 보세요.

Joe	That does sound lovely.
Stephanie	Yeah, exactly. Ok, I think it's your turn.
Joe	Ok, if you woke up in the middle of the night and your house was on fire, which three things would you take with you out of the house?
Stephanie	Well, good question. I guess I'd take my mobile phone because I probably need that at some point. I guess I'd need... I'd probably take something a bit more sentimental as well. I do have a memory box, so I'd probably grab that as well.
Joe	Probably a passport would be good.
Stephanie	Oh, yeah! I forgot that one.
Joe	I kind of need a new laptop anyway so, it would be a decent excuse to sort of, just, leave it there, I think.
Stephanie	Ok, ok. I'm gonna swap my laptop for my passport. Ok, because...
Joe	Copycat!
Stephanie	Haha, ok, nice, nice! Ok, well, we've asked quite a few questions, so maybe we can go back to any vocabulary that came up during our chat? What do you reckon?

Joe	진짜 좋겠다.
Stephanie	그치, 엄청 좋겠지. 자, 이제 네 차례야.
Joe	알았어. 한밤중에 일어났는데 집에 불이 났어. 딱 세 가지만 가져갈 수 있다면 뭘 챙길 거야?
Stephanie	와, 좋은 질문이다. 글쎄 나는 휴대폰을 챙길 것 같아. 어느 순간에 그게 꼭 필요할 테니. 좀 더 감상적인 물건도 챙겨야겠지. 나 추억 상자 가지고 있거든. 그래서 그것도 챙길 것 같아.
Joe	아마 여권도 괜찮을 것 같네.
Stephanie	오, 여권을 생각 못 했네.
Joe	난 새 노트북이 필요했던 참이라 노트북은 그냥 집에 두는 것도 괜찮은 핑곗거리가 될 것 같아.
Stephanie	그래. 난 노트북 대신 여권으로 바꿀래. 왜냐하면…
Joe	따라쟁이!
Stephanie	하하, 알았어. 재미있다. 음, 우리 꽤 많이 질문한 것 같은데 대화 중 어떤 어휘들이 있었는지 볼까? 어떻게 생각해?

🇬🇧 영국에서 자주 쓰는 핵심 어휘 및 표현을 학습해 보세요.

In the middle of *something***

'~하는 중간에', '~하는 도중에'라는 뜻이에요. 꼭 중간 정도 완성된 상황이 아니더라도 어떤 일을 하고 있다는 의미로 사용할 수 있습니다.

Sort of***

'어느 정도', '조금'이라는 뜻으로 'kind of'와 비슷한 의미예요. 문장 중간중간에 정말 많이 사용하는 표현입니다.

> 예문 The film was sort of funny but also a bit sad.
> 그 영화 좀 재미있었어. 그런데 약간 슬펐어.

Gonna***

'~하려고 하다'라는 뜻으로 'Going to'를 빠르고 편하게 발음하기 위해 줄인 단어예요. 공식적인 자리나 예의를 갖춰야 하는 자리에서는 줄이지 않고 'going to'를 쓰는 게 좋아요.

Copycat*

'모방하는 사람'이라는 뜻으로 주로 다른 사람의 아이디어를 베낀 사람을 가리킬 때 사용해요. 아이들이 서로 장난칠 때도 많이 씁니다. '따라쟁이' 정도의 느낌이에요.

> 예문 No, no, you can't dye your hair red too! Don't be a copycat!
> 안돼, 안돼! 너도 머리 빨간색으로 염색하면 안 돼! 따라쟁이가 되지 마!

To reckon***

'생각하다'라는 뜻으로 think 대신 사용할 수 있어요. 비격식 어휘여서 주로 친한 친구들이나 가까운 직장 동료 사이에 많이 쓰여요.

✤ 오늘 배운 표현을 활용하여 아래 문장들을 말해 보세요.

In the middle of *something*

1. 우리 지금 저녁 먹는 중이야.

(we're, dinner)

2. 강의 중간에 그녀는 울기 시작했다.

(the lecture, she, started, to, cry)

3. 나 뭐 좀 하는 중이야.

(I'm, doing, something)

To reckon

4. 네 생각에 이거 괜찮은 것 같아?

(do, you, this, is, okay)

5. 난 그가 거짓말했다고 생각해.

(he, lied)

6. 난 곧 비가 올 거라고 생각해.

(it's, going to, rain, soon)

정답

1. We're in the middle of dinner.
2. In the middle of the lecture, she started to cry.
3. I'm in the middle of doing something.
4. Do you reckon this is okay?
5. I reckon he lied.
6. I reckon it's going to rain soon.

🎌 실제 영국인들의 대화를 통해서 생생한 영국식 영어를 체험해 보세요.

Joe   Ok, well, I mean, I mentioned a budget airline. A budget airline. Certain airlines in the UK are very, very cheap to go to places in Europe, and that's it really. They're just low cost, not very comfortable, but very cheap.

Stephanie   I used the word 'splurge.' It would mean to spend excessive amounts of money, to spend loads of money on one thing, perhaps. When we were talking about a desert island, we said 'to be stranded.' It's, kind of like, to be stuck somewhere, meaning that you're unable to leave that place for some reason; it could be a problem of some kind. Okay, maybe a final word that we used, I think it was me who said this, was 'to pamper,' to pamper yourself.

Joe   And it just, sort of... to treat yourself, to be nice to yourself.

Stephanie   To give someone, like, special treatment, give them whatever they want, sort of thing. We often say when it's someone's birthday, 'I hope you're being pampered today.' So, I hope someone is, you know, making sure that you are having fun, that you're enjoying yourself and you're okay. Yeah, so I think that's all for today.

Joe   Alright, I'll speak to you next week, then. Alright? Have a lovely rest of the week.

Stephanie   Thank you.

Joe   Alright, bye-bye!

Stephanie   Bye!

Joe	좋아. 나는 아주 적은 비용으로 유럽을 여행할 수 있는 영국 내 'budget' 항공사들이 있다고 했지. 싸긴 한데 아주 편하지는 않아. 근데 정말 저렴하지.
Stephanie	나는 'splurge'라는 표현을 썼어. 어떤 것에 돈을 물 쓰듯이 쓰는 걸 의미해. 무인도 이야기할 때 'to be stranded'라고 말했지. 그건 어딘가에 갇히는 거랑 비슷해. 어떤 이유 때문에 그 장소를 떠날 수 없는 거지. 문제가 생겼기 때문일 수도 있어. 그럼 마지막 단어로, 내가 말했던 거 같은데 'to pamper yourself'가 있었지.
Joe	그건 그냥 나 자신에게 상을 주는 느낌이지. 나에게 잘해 주기.
Stephanie	누군가에게 특별히 대해 주고 원하는 건 다 해 주는 그런 느낌도 있지. 누구 생일에 '오늘 pamper 받길 바라!'라고 종종 말하기도 해. 그러니까 누군가가 이 생일인 사람이 즐거운 시간을 보내고 있는지, 괜찮은지 등 확실히 챙겨 주기를 바라는 거지. 음, 오늘은 여기까지인 것 같네.
Joe	좋아. 그럼 또 이야기하자고. 다음 주에 보자. 오케이? 이번 주 내내 멋지게 보내.
Stephanie	고마워.
Joe	알겠어. 안녕!
Stephanie	안녕.

핵심 어휘 및 표현

❋ 영국에서 자주 쓰는 핵심 어휘 및 표현을 학습해 보세요.

Loads of *something****

비격식 표현으로 '수많은', '정말 많은'이라는 뜻이에요. 돈, 사람, 물건 등 다양한 명사와 함께 쓰여요.

예문 He's got loads of money.
> 그 남자는 돈이 진짜 많아.

Kind of like *something***

'~와 비슷한'이라는 뜻으로 어떤 것을 비교하며 설명할 때 자주 사용해요.

N of some kind or Some kind of *N* **

'어떤 종류의 것'이라는 의미로 설명하는 대상이 명확하지 않지만 대략 어떤 느낌이라는 걸 알려 주는 조금은 두루뭉술한 표현이에요.

예문 I think I need some kind of special tape or glue to fix it.
> 내 생각에 이걸 고정시키려면 특수한 테이프나 풀 종류가 필요해.

Whatever *someone* wants**

'~가 원하는 것은 무엇이든'이라는 뜻으로 회화에 유용하게 사용되는 표현이에요.

예문 I can eat whatever I want because I'm not on a diet.
> 내가 원하는 것은 무엇이든 먹을 수 있어. 난 다이어트 중이 아니거든.

I hope***

'바라건대', '나는 바란다'라는 뜻으로 일상 대화에 정말 많이 쓰이는 표현이에요. 비슷한 의미의 'wish'는 거의 불가능한 일을 바라는 것에 비해 'hope'는 실제 일어날 수 있는 일을 의미해요.

✳ 오늘 배운 표현을 활용하여 아래 문장들을 말해 보세요.

Kind of like *something*

1. 추석은 추수감사절이랑 비슷한 거야.

(*Chuseok*, is, Thanksgiving Day)

2. 클로이는 강아지 같아.

(Chloe, is, a puppy)

3. 이 피자는 우리가 로마에서 먹었던 피자랑 비슷하네.

(this, pizza, the one, we, had, in, Rome)

I hope

4. 시험 잘 보길 바랄게!

(the exam, goes, well)

5. 네가 이기길 바라!

(win)

6. 내가 하는 것을 네가 이해해 주길 바라.

(understand, what, I do)

정답

1. *Chuseok* is kind of like Thanksgiving Day.
2. Chloe is kind of like a puppy.
3. This pizza is kind of like the one we had in Rome.
4. I hope the exam goes well!
5. I hope you win!
6. I hope you understand what I do.

유럽 여행과 영국의 로또

영국엔 유럽 곳곳을 저렴하게 여행할 수 있는 저가 항공사(budget airlines)가 여러 개 있어요. 대표적으로 Ryanair와 EasyJet이 있지요. 평소에도 비행기 티켓이 저렴하지만 비수기엔 단돈 3만 원으로도 프랑스, 스페인 등 여행이 가능하답니다. 주변 국가들이 비교적 가깝고 티켓도 저렴해서 많은 직장인들이 주말에 백팩 하나 메고 훌쩍 여행을 떠나곤 해요.

"네가 복권에 당첨된다면 뭘 할 거야(If you won the lottery, what would you do)?"
오늘 에피소드에 등장했던 가정법 단골 질문이죠. 영국에도 한국처럼 로또 복권이 있는지 궁금하지 않으세요? 영국은 한국보다 훨씬 큰 규모의 복권이 있답니다.

바로 유로밀리언(EuroMillions)이라는 복권이에요. 영국, 프랑스, 벨기에 등 총 9개 유럽 국가에서 같이 진행하는 국경을 넘는(transnational) 복권이랍니다. 7개 숫자를 다 맞히면 1등이 되는데 9개국 국민들이 참여하는 만큼 상금이 엄청나요. 1등 상금이 몇백 억은 되고 역대 최고로 3천 억을 타 간 사람도 있답니다. 말 그대로 인생 역전의 기회죠. 추첨일만 되면 사람들이 마트에 길게 줄(queue)을 서서 복권을 사는 모습을 쉽게 볼 수 있어요. 여러분은 복권에 당첨되면 어떤 것부터 할 건가요? 가정법 If 절로 멋진 문장을 만들어 보세요.